Andrian Kreye

Macht Euch die Maschinen untertan

Vom Umgang mit künstlicher Intelligenz

Süddeutsche Zeitung Edition

Projektleitung: Sabine Sternagel
Lektorat: Daniela Wilhelm-Bernstein
Art Director: Stefan Dimitrov
Realisation: Sibylle Schug
Herstellung: Thekla Licht, Hermann Weixler
Druck- und Bindearbeiten: GGP Media GmbH, Pößneck
Printed in Germany
ISBN: 978-3-86497-499-1

Andrian Kreye

Macht Euch die Maschinen untertan

Vom Umgang mit künstlicher Intelligenz

Süddeutsche Zeitung Edition

Inhalt

Künstliche Intelligenz – Segen oder Apokalypse?

Fast jeder Mensch ist schon einmal künstlicher Intelligenz (KI) begegnet. Normalerweise sind solche Begegnungen nicht immer so spektakulär, wie an jenem Nachmittag in Vancouver. Der Chef der Firma Boston Dynamics Marc Raibert hatte den Roboterhund Spot zum Ideenfestival Ted Conference mitgebracht. Nach dem Auftritt von Mensch und Maschine auf der großen Bühne mischten sie sich unters Besuchervolk in der Lobby mit dem Panoramablick auf die Bucht von Vancouver und die Wälder des pazifischen Kanada, hinter denen sehr lange nichts kommt und dann irgendwann Alaska. Da stand die Maschine auf vier Beinen, knapp einen Meter hoch, 75 Kilogramm schwer, ausgestattet mit einem Elektronikhirn und 360-Grad-Sensoren, mit denen es seine Umgebung erkundet und lernt, sich dort zu bewegen.

Der Roboter duckte sich, als ob er zum Sprung ansetzte, dann drehte er sich, ging ein paar Schritte auf die Schaulustigen zu. Wenn man ihn berührte, spürte man das Vibrieren der Elektromotoren in seinem Inneren. Die Ingenieure aus Boston hatten sich keine Mühe gemacht, die Maschine mit einem niedlichen Äußeren zu versehen, wie so viele Firmen, die Roboter herstellen. Spot ist eine athletische Erscheinung aus Stahl und Hydraulik, seine freiliegenden Eingeweide sind ein Gewirr aus Bauteilen und Kabeln. Mit seinen Sensoren und Prozessoren kann er Gelände schon ohne menschliche Hilfe meistern. Er wirkte dabei eher wie ein Kampfhund als wie ein Haustier. Und seine Intelligenz mag zwar noch auf dem Stand eines Insekts sein, aber sie ist künstlich.

Der Grusel ist gewollt. Wenn die Roboter erst einmal Serienreife erlangen, werden es vor allem Militärs sein, die sich dafür interessieren. Es ist kein Zufall, dass die Anfangsfinanzierung der Firma von DARPA kam, dem Forschungsinstitut der amerikanischen Streitkräfte, das schon den Vorläufer des Internets entwickelte, das Navigationsnetzwerk GPS und den Tarnkappenbomber. Marc Raibert wird allerdings nicht müde, die Rolle seiner Roboter für das Wohl der Menschheit anzupreisen. Er denke an Fukushima und was Spot dort alles leisten könnte nach einer solchen Katastrophe. Noch eines erwähnt Raibert eher beiläufig: „Ich glaube, dass Roboter größer werden, als das Internet." Er müsste den Satz ergänzen. Nichts wird das Leben der Menschen so verändern, wie die künstliche Intelligenz, wenn sie sich mit Robotik, Bio- und Nanotechnik, mit dem Internet, künstlichen Synapsen und Quantencomputern vereint. Genau das zeichnet sich gerade ab.

Steht man Spot gegenüber, ahnt man schon, zu was diese Maschinenwesen einmal fähig sein werden, wenn sie sich mithilfe künstlicher Intelligenz immer unabhängiger von ihren menschlichen Schöpfern machen. Wird Spot dann Pitbull oder Bernhardiner? Wer kann das auf Dauer entscheiden? Und was ist mit Atlas, dem menschenähnlichen Roboter, den Boston Dynamics ebenfalls entwickelt? In einem

Video, das auf Youtube innerhalb eines halben Jahres mehr als 15 Millionen Mal angesehen wurde, vollführt er schon einen Backflip, einen Rückwärtssalto, den Menschen nur hinkriegen, wenn sie lange dafür trainieren. Was aber passiert, wenn Atlas den Backflip nicht nur physisch, sondern auch intellektuell hinbekommt? Wenn ihn die künstliche Intelligenz zu einer Art von Leben erweckt?

Künstliche Intelligenz ist ein Begriff, der von viel Ballast überlagert und mit Mythen aufgeladen ist. Er suggeriert, dass sich die Menschen Maschinen nach ihrem Ebenbild erschaffen. Gerade wenn man einem KI-getriebenen Roboter gegenübersteht, stellt sich die sonst so theoretische Frage sehr direkt, ob die Maschinen den Menschen die Domäne als intelligentestes Wesen auf diesem Planeten streitig machen könnten. Das muss nicht immer gleich so bedrohlich wirken, wie bei Boston Dynamics Spot. Auch Pepper, der IBM-Roboter, weckt vor allem Misstrauen in einem, auch wenn er nach dem Kindchenschema als niedliches Helferlein designt wurde. Doch wenn er einem das Plastikhändchen entgegenstreckt, während die Watson-KI aus der Cloud Sätze sendet, die er mit Kinderstimme spricht, reicht man ihm die eigene Hand mit Unbehagen. Beginnt so putzig der Kampf um die Hoheit auf der Erde? Oder ist Pepper doch der freundliche Vorbote einer Ära voller technologischer Wunder? Da ist man schon bei den zwei Schlüssen, welche die Debatte über KI seit einiger Zeit dominieren.

Der eine ist eine Erweckungs- und Erlösungsfantasie, wie man sie sonst aus messianischen Religionen kennt. Das ist die Hoffnung auf den Moment, in dem die Maschinen dank künstlicher Intelligenz klüger und bald schon besser sind als die Menschen. Das religiöse Motiv dabei ist, dass der Mensch in seiner Fehlbarkeit und Unzulänglichkeit niemals Vollkommenheit erreichen wird. Deswegen erschafft er sich allmächtige Götter, die den Menschen einen Erlöser schicken, der Wunder vollbringen und das Leid der Menschheit auf sich laden kann.

Es steckt ein wahrer Kern in dieser Fantasie. Künstliche Intelligenz wird Roboter möglich machen, die den Menschen Mühsal und Gefahren abnehmen können. Daran schließen Technologen wie Marc Raibert von Boston Dynamics ja auch mit beharrlicher Regelmäßigkeit an, wenn sie davon ablenken wollen, dass jede neue Technologie fast immer auch eine finstere Seite hat. Die ersten Modelle, um das Argument zu unterfüttern, gibt es schon. Drohnen, die in brennende Häuser fliegen, um nach Eingeschlossenen und Verletzten zu suchen. Oder die Medizin in unwegsame Gebiete bringen, wie etwa in einem Modellversuch in Ruanda. Roboter, die für monotone Arbeit in Fabriken eingesetzt werden oder die in der Pflege und im Kundendienst Personalmängel ausgleichen, was in Japan zum Beispiel schon mit Regierungsprogrammen gefördert wird. Noch sind sie von Menschen abhängig, die sie bedienen, fernsteuern oder programmieren. Doch ihre Unabhängigkeit ist in Arbeit.

Singularity nennt man den Moment, in dem die Maschinen klüger werden, als die Menschen. Es gibt Propheten der *Singularity* wie den Futuristen und Informatiker Ray Kurzweil, der diesen Moment für die nahe Zukunft prophezeit. Realisten wie der Robotikexperte Rodney Brooks glauben, dass es noch mindestens hundert Jahre dauern wird. Relativisten wie der Wissenschaftshistoriker George Dyson wiederum sagen, dass die *Singularity* kein Moment ist, sondern ein langwieriger Prozess, der die Schwelle längst überschritten hat.

Die andere Lesart der künstlichen Intelligenz ist mit Panik behaftet. Gewichtige Stimmen haben diese Furcht vor einer von Menschen geschaffenen Intelligenz, die außer Kontrolle gerät, in den letzten Jahren geschürt. Der Physiker und beliebteste Wissenschaftler seit Albert Einstein Stephen Hawking zum Beispiel. Er prophezeite das Ende der Menschheit. Zumindest wurde er so zitiert. Oder der Superunternehmer Elon Musk, Gründer der Elektroautofirma Tesla und des Weltraumunternehmens SpaceX. Der fand immer wieder Worte mit der Wucht eines Actionfilmes: KI werde einen unsterblichen Diktator erschaffen. KI sei schlimmer als Atomwaffen. KI wird in den Dritten Weltkrieg führen. KI ist eine existenzielle Gefahr für die menschliche Zivilisation.

Solche Sätze beunruhigen die Öffentlichkeit zum einen so nachhaltig, weil fast alle Menschen die lange Geschichte der Science-Fiction-Filme im Kopf haben, die künstliche Intelligenz als Motor des Horrors und der Zerstörung nutzen. Das begann schon in der Stummfilmzeit mit Fritz Langs „Metropolis“ und geht vom Bordcomputer Hal in Stanley Kubricks „2001 Odyssee im Weltraum“ und James Camerons „Terminator“ bis zur Androidin Ava in „Ex Machina“.

Zum anderen sind Stephen Hawking und Elon Musk zwei Männer, die Wissenschaft und Technologie vorangetrieben haben, wie kaum jemand anderer. Ihre Namen stehen, ähnlich wie Einstein, Harvard oder die NASA für das Vertrauen in Wissenschaft und Technik. Warum sollte Stephen Hawking irren, wenn er einer breiten Öffentlichkeit das Universum erklärte? Warum sollte Elon Musk Blödsinn erzählen, der mit seinen Elektroautos die globale Energiewende vorantreibt und für die Raumfahrt die erste wiederverwendbare Rakete konstruierte? Eines unterscheidet die beiden allerdings von KI-Experten. Weder Hawking noch Musk hatten praktische Erfahrung mit künstlicher Intelligenz.

Ihre Untergangsstimmung wird außerdem dadurch verstärkt, dass die Medien dazu neigen, vor allem die Sorgen und Ängste ihrer Nutzer, Zuschauer und Leser anzusprechen. Jaan Tallinn, der die Kommunikationsplattform Skype miterfand, gehört zu den kompetentesten Kritikern künstlicher Intelligenz, weil er genug Erfahrung als Programmierer hat, um die Technik zu verstehen, die hinter KI steckt. Kritik alleine war ihm auch nicht genug. Er gründete gleich drei Institute, um die Entwicklung selbstlernender Maschinen in die richtige Richtung zu lenken. Und er sagte: „Stephen Hawking hat, nun ja, etwas eingeschränkte Möglichkeiten, lange Erklärungen zu geben. Elon Musik ist leider nicht sehr vorsichtig bei dem, was er so sagt. Das wird aber von den Medien einfach so wiedergegeben. Es liegt aber in der Verantwortung der Medien, dafür zu sorgen, dass alle KI kapieren. Da muss man eben über Dinge reden, die für die Allgemeinheit nicht leicht zu verstehen sind. Wenn man allerdings auf Einschaltquoten und Klickzahlen achten muss, hat man dafür nur wenig Raum."

Das ausführliche Zitat hinter den vielen Schlagzeilen über Stephen Hawkings apokalyptischer Vision von der KI, die das Physikgenie letztmals im Herbst 2017 bei der Web Summit-Konferenz in Lissabon formulierte, war: „Erfolg bei der Erschaffung effektiver künstlicher Intelligenz könnte das größte Ereignis in der Geschichte unserer Zivilisation werden. Oder das schlimmste. Wir wissen es einfach nicht. Deswegen können wir auch nicht sagen, ob uns künstliche Intelligenz letztlich helfen wird, ob sie uns ignoriert, ob sie uns kaltstellt oder zerstört." Das war zumindest schon mal das Eingeständnis, dass er selbst, wie die meisten Menschen, künstliche Intelligenz nicht einschätzen kann.

Er warnte dann zwar: „Wenn wir nicht lernen, wie wir uns darauf vorbereiten und potenzielle Risiken vermeiden, könnte künstliche Intelligenz auch das schlimmste Ereignis in der Geschichte unserer Zivilisation sein. Sie bringt Gefahren mit sich wie autonome Waffen, neue Wege für die Wenigen, die Vielen zu unterdrücken. Und es könnte unser Wirtschaftssystem nachhaltig zerstören." Um dann mit einem Ausblick zu schließen, den nur wenige zitierten: „Ich bin ein Optimist und glaube, dass wir künstliche Intelligenz zum Wohle der Menschheit erschaffen können."

Und Elon Musk? Der redet ohnehin viel Blödsinn. Er hat zwar Steve Jobs als Superstar einer Technopopkultur abgelöst. Sein Charisma und seine Starqualitäten sind unbestritten. Wenn er davon redet, dass er die Menschheit auf den Mars umsiedeln will, um sie vor den drohenden Apokalypsen zu retten, meint er das durchaus ernst. Er hat ja nicht nur Raumschiffe in der Entwicklung. Er bezahlt auch schon einen Botaniker am *Massachusetts Institute of Technology,* der daran arbeitet, Tomaten zu züchten, die auch aus einem außerirdischen Gewächshaus gut schmecken. Doch solche Hirngespinste werden an den Naturgesetzen scheitern. Daran zum Beispiel, dass auf der Oberfläche des Mars Perchlorate den Planeten selbst für Mikroben unbewohnbar machen. Oder dass der menschliche Körper viele weitere Evolutionsstufen durchlaufen müsste, um regelmäßige Marsflüge auszuhalten.

Wenn man von seinem Weltuntergangsgeraune absieht, ist Elon Musk allerdings ein sehr zielstrebiger Mann, der für alles eine Lösung sucht und oft auch findet. Weil er weiß, dass er von künstlicher Intelligenz nur wenig versteht, steckt er zweistellige Millionensummen in Projekte, die dafür gewährleisten sollen, dass die Entwicklung der künstlichen Intelligenz auch wirklich zum Wohle der Menschheit geschieht. In das *Future of Life Institute* zum Beispiel, das Jaan Tallinn gemeinsam mit dem Physiker Max Tegmark und der Mathematikerin Viktoriya Krakovna an Amerikas immer noch führendem Wissenschaftsstandort Cambridge, Massachusetts, gegründet hat.

Hawkings Zitat und Musks Philanthropie markieren genau die Schwelle, an der die Menschheit im Jahr 2018 steht. Macht sie sich die Maschinen untertan? Oder wird sie zum Spielball einer technologischen Entwicklung, die sie nicht kontrollieren kann?

Und was ist mit der Schlagzeile, dass nicht einmal die Wissenschaftler und Ingenieure, die KI erschaffen, so ganz genau wissen, was das eigentlich ist, was in den selbstlernenden Maschinen vor sich geht? Man kann sich auf Grundsätzliches einigen. Künstliche Intelligenz ist ein Computerprogramm, das eigenständig lernt und unabhängig Entscheidungen treffen kann. So können Abläufe automatisiert und optimiert werden, die bisher dem menschlichen Gehirn vorbehalten waren. Das wäre die technische Definition. Aber so einfach ist das nicht. Künstliche Intelligenz wird die Menschheit an sich verändern. Und die ersten

Begegnungen der Menschen mit KI liefen nicht besonders gut.

Damit sind nicht die Pionierprogramme gemeint. Die Roboter von Boston Dynamics bleiben erst einmal Prototypen. Die Mustersoftware Watson von IBM wurde auf seine spektakulären Auftritte, wie in der amerikanischen Quizshow „Jeopardy“ oder bei dem rhetorischen Zweikampf mit dem israelischen Debattiermeister Dan Zafrir, gut vorbereitet, was heißt, mit extrem großen Datenmengen gefüttert. Als sie im Sommer 2018 den deutschen Astronauten Alexander Geerst ins All begleitete, war sie noch unerschwingliche Spitzentechnologie. Googles künstliche Intelligenzen AlphaGo und Alpha Zero waren technologiehistorische Meilensteine, aber immer noch Laborversuche.

Nein, die ersten künstlichen Intelligenzen, mit denen es die Menschheit erst einmal so richtig zu tun bekam, waren die Algorithmen der großen Portale im Internet. Jene automatisierten Befehlsabläufe, die bestimmen, welche Nachrichten man auf Facebook und Twitter zu sehen bekommt, welche Webseiten einem Google anzeigt oder welche Dinge einem der Internethändler Amazon empfiehlt. Die globale Gesellschaft hat im Umgang mit diesen sogenannten schwachen künstlichen Intelligenzen grobe Fehler gemacht. Und das ist ihre Chance.

Viele Pioniere der sozialen Medien haben sich inzwischen von ihrer Schöpfung abgewendet. Sean Parker, der Mann, der als Investor und Stratege Facebook zum Massenphänomen gemacht hat, warnte, dass sie schon früh Suchtmechanismen angelegt hatten. Ipod-Erfinder und Iphone-Designer Tony Fadell sagte bei einer Podiumsdiskussion im Londoner Design Museum: „Ich wache immer wieder mal schweißgebadet auf und überlege, was haben wir bloß auf die Welt gebracht? Haben wir eine Informationsbombe konstruiert, die die Hirne der Leute sprengen und reprogrammieren kann? So wie wir das mit den Fake News beobachtet haben?“

In der Aufbruchseuphorie des sogenannten Web 2.0 hat es die Gesellschaft versäumt, die digitalen Konzerne wie Facebook und Google, die vermeintlich Großartiges gratis unters Volk brachten, in die Schranken zu weisen. Sie hat die Nebenwirkungen der hübschen neuen Spielzeuge von Apple unterschätzt. Sie hat zugelassen, dass Monopole entstehen. Amerikanische Monopole. Sie hat sich in Abhängigkeiten gebracht, die nach den Mustern der Sucht ablaufen. Und sie hat vor allem zugelassen, dass sich Wirtschaft, Politik, Alltag und selbst das Verhalten jedes einzelnen bis hin zu Gesten und Mimik verändern. Nicht zum Wohle aller, sondern vor allem für den Profit sehr weniger.

Facebook ist ein besonders gutes Beispiel, für die zerstörerische Wirkung der digitalen Massenphänomene. Als Mark Zuckerberg die erste Version der Webseite 2003 zusammen mit Kumpels in seiner Studentenbude an der Harvard University programmierte, war sie ein Mobbing-Werkzeug. Sie hieß Facemash und war dazu da, die Gesichter von Mitstudentinnen zu bewerten und später dann auch noch mit Nutztieren zu vergleichen. Daraufhin schritt die Universitätsleitung ein. Aus Facemash wurde Facebook. Das war zwar seriöser. Doch das Mobbing als Motor der Seite bleibt bis heute tief im digitalen Erbgut des Portals verankert, das inzwischen über zwei Milliarden Mitglieder hat. Wäre es eine Nation, wäre es das mit Abstand bevölkerungsreichste Land der Erde.

Die gesellschaftlichten Probleme, die Google, Twitter und Amazon mit sich brachten, Firmen wie Ebay, Uber und Air BnB, die allesamt den Schwarmgeist sozialer Netze mit einfachen Formen künstlicher Intelligenz zu Geschäftsmodellen kombinierten, sind jeweils anders gelagert. Gemeinsam ist ihnen, dass sie Musterfälle für die ersten Fehler sind, die die Menschen im Umgang mit KI gemacht haben.

Genau da aber liegt die Chance, sich die Maschinen untertan zu machen. Die Menschheit kann aus ihren frühen Fehlern lernen. Sie muss es sogar. Künstliche Intelligenz wird die Automatisierung, die Möglichkeiten der Überwachung und Datenanalyse exponentiell verstärken. Dafür aber muss die Menschheit die künstliche Intelligenz erst einmal verstehen. Noch ist nur schwer zu erkennen, wohin sich künstliche Intelligenz einmal entwickeln wird. Es ist ja noch nicht einmal so ganz klar, was sie jetzt schon kann.

Dieses Buch beruht auf mehreren Reisen, auf vielen Begegnungen und Gesprächen, von denen nur einige in dieses Buch eingeflossen sind. Denn die Aufbruchsstimmung, die mir in diesen beiden Jahren an der amerikanischen Westküste, in New York, London, München und sogar in Rom begegnete, erinnerte mich an meine ersten Reportagen über die digitale Kultur und an die Aufbruchsstimmung, die mir vor Jahren in San Francisco, Boston und New York entgegenschlug.

Es war zum Beispiel Ende der 1980er-Jahre während einer Reportage über das Media Lab des *Massachusetts Institute of Technology*, als mir der Mathematiker Marvin Minsky den damals schwer nachvollziehbaren Satz mit auf den Weg gab: „Bald wird es nicht mehr darauf ankommen, wie schnell ein Computer ist, sondern mit wie vielen anderen Computern er verbunden ist.“ Fast dreißig Jahre später ist das eine Binsenweisheit – das Internet eben. Aber damals beherrschte sein Schüler Danny Hillis die Schlagzeilen, weil er ein paar Häuser weiter Parallelcomputer entwickelte, die so unglaublich viel schneller waren, als alle anderen Computer ihrer Zeit. Rechnergeschwindigkeit war immer noch der Prüfstein der Computernerds, die ihre Maschinen verglichen wie Mopedfreunde ihre Motoren.

Für Minsky waren Computer jedoch nur ein Mittel zum Zweck. Er hatte ihnen immerhin das Denken beigebracht, als sie noch reine Rechenmaschinen waren. 1950 war das, da konstruierte er in Princeton ein Gerät namens Snarc, welches das Lernverhalten einer Ratte im Labyrinth simulieren konnte. Für den Rest der Welt war das damals noch so etwas wie ein abstraktes Kunstwerk, ein Konstrukt aus zwei Metallplatten, auf deren Oberseite sechs Röhren über einem Unterbau aus Spulen und Drähten thronten, alles zusammen nicht größer als ein Radioapparat. Für Laien gab es da nichts zu sehen. Doch was Minsky aus diesen Stromkreisen herauslesen konnte, war quasi das Erwachen eines Maschinenbewusstseins.

Heute gilt Snarc als erste lernfähige Maschine und Minsky als Vater der künstlichen Intelligenz. Er war auch einer der Väter des Internets, hatte das erste Labor für künstliche Intelligenz gegründet und dann eben das Media Lab. All das ging auf die Zeit im Universitätsstädtchen Princeton zurück, als er überlegte, was wohl wäre, wenn Maschinen eine Art Verstand hätten. Ob sie dann nicht alle möglichen Probleme lösen und irgendwann auch das Denken der Menschen unendlich verstärken könnten?

In einem Gespräch mit seinem Schüler, dem Futuristen Ray Kurzweil, sagte Minsky später einmal: „Die Evolution hat seit 400 Millionen Jahren Strukturen aufeinandergestapelt. Die Neuronen in unserem Hirn sind vielleicht dieselben wie vor 400 Millionen Jahren. Aber die Organisation der Neuronen ist ganz anders. Das Gehirn ist deswegen so etwas wie 400 verschiedene Computer. Und jeder arbeitet vollkommen anders. Deswegen ist es ein Fehler, nach gemeinsamen Grundlagen zu suchen. So können Sie vielleicht einen Fisch erklären, aber nicht, wie ein Mensch funktioniert."

Dieses Buch soll die Gegenwart der künstlichen Intelligenz und das Verhältnis von Mensch und Maschine beleuchten, die Marvin Minsky schon vor sechzig Jahren erstmals beschäftigten. Der aktuelle Stand der Dinge wird genauso betrachtet wie der Ausblick auf die nächsten Entwicklungen. Es lässt die Kronzeugen dieses neuen Zeitalters zu Wort kommen und jene, die es gestalten und prägen. Sie alle blicken nach vorne, oft weit nach vorne. Denn nur wer sich mit der Zukunft beschäftigt und sich um die Gegenwart kümmert, kann die Fehler der Vergangenheit vermeiden.

Annäherung an eine maschinelle Geisteskraft

Schwache künstliche Intelligenz lässt sich einfach erklären. Es handelt sich dabei um die Automatisierung oder Optimierung von Rechen- oder Analyseaufgaben, die Menschen langsamer oder ungenauer erledigen. Die Kundenempfehlungen von Internethändlern wie Amazon gehören genauso dazu wie die Auswertung großer Datensätze, mit denen Firmen, Forschungsinstitute und Geheimdienste wie die amerikanische *National Security Agency* NSA Muster erkennen können. Schwache KI steckt aber auch in Übersetzungsprogrammen, in digitalen Assistenten wie Alexa, Siri oder Google Assistant sowie in selbstfahrenden Autos und autonomen Waffensystemen. Entscheidender Unterschied zu den traditionellen Rechenleistungen von Computern ist der Mechanismus des Selbstlernens, also eine fortlaufende automatisch Verbesserung der Leistungsfähigkeit.

Weil KI aber keine körperlichen, sondern geistige Kraftanstrengungen automatisiert und optimiert, und jede Form von Geist bisher das Alleinstellungsmerkmal der Menschen im bislang bekannten Universum war, greifen solche technischen Definitionen zu kurz. Was da wirklich gerade entsteht, können nicht einmal die KI-Entwickler selbst so genau erklären. Sie wissen nur, dass es mehr ist, als die

Weiterentwicklung von Maschinen. So entstand diese kognitive Dissonanz, die derzeit den Diskurs über die künstliche Intelligenz beherrscht, ähnlich wie die Debatten um den Klimawandel. Angesichts der ungeheuren Wandlungsprozesse setzt ein Verdrängungsmechanismus ein. Jeder ahnt, dass etwas zu tun wäre, aber niemand will es wirklich wissen.

Es war im Herbst 2017, als der Kurator der Londoner *Serpentine Gallery* Hans Ulrich Obrist und der New Yorker Agent für Wissenschaftsliteratur und Betreiber des Debattenforums edge.org John Brockman einen ersten Versuch unternahmen, die Verständnisblockade zu durchbrechen. Einmal im Jahr versammeln die beiden in London Künstler, Schriftsteller und Wissenschaftler zu einem „Serpentine Marathon", einem langen Tag, an dem ein großes Thema von allen nur erdenklichen Seite betrachtet wird. Am ersten Oktoberfreitag des Jahres 2017 lautete das Motto „Guest, Ghost, Host: Machine!" und das Thema war künstliche Intelligenz.

Obrist und Brockman sind schon lange befreundet und es hätte keine besseren Gastgeber geben können. Beide haben ein fast unfehlbares Gespür für Figuren, die einmal den Lauf der Kunst- beziehungsweise Wissenschafts- und Technologiegeschichte bestimmen werden. Beide sind begnadete Netzwerker. Obrists Netzwerk kann man an seinem Instagram-Konto ablesen, auf dem er Post-it-Notizzettel mit Handschriften von Künstlern und anderen Größen veröffentlicht, denen er begegnet. Das liest sich wie ein Kompendium des weltweit führenden Wissenschafts- und Künstlerpersonals der Gegenwart. Brockman versammelt sein Netzwerk, das vor allem aus Wissenschaftsintellektuellen wie Daniel Kahnemann, Steven Pinker oder Lisa Randall besteht, auf seinem Internetforum edge.org.

Trifft man Hans Ulrich Obrist und John Brockman auf den vielen Dinnerparties, Empfängen oder Konferenzen, die sie jeweils einzeln oder auch gemeinsam besuchen, wirken sie wie soziale Supermagneten. Der schmale Schweizer Hans Ulrich Obrist mit seiner Vorliebe für karierte Flanellanzüge und runde Plexiglasbrillen, schafft es dabei die Herzlichkeit und die Konversationen eines ganzen Abends auf ein Minimum an Zeit zu komprimieren, um dann zwei Gesprächspartner dazu zu bringen, sich in ein neues zu verwickeln. John Brockman, dessen Markenzeichen eine Sammlung altmodischer Hüte mit Band und breiter Krempe ist, versteht sich dagegen darauf, seine Gegenüber in Gespräche zu verwickeln, die etwas länger dauern, dafür aber für beide enormen Erkenntnisgewinn bringen.

Einen solchen sollen auch die Serpentine Marathons bringen, wobei es an diesen Tagen vor allem darum geht, per Zufallsprinzip Intellektuelle aus unterschiedlichsten Richtungen zusammen zu bringen, damit aus dem Zusammenprall der Geisteswelten möglichst viel neue Ideen entstehen. John Brockman hat damit lange Erfahrung. Er war in den 1960er-Jahren in New York als junger Künstler Gast bei den legendären Dinnerparties des Komponisten John Cage gewesen. Der hatte sich schon früh für Wissenschaft interessiert und in seinem Apartment regelmäßig Künstler und Wissenschaftler gemeinsam bekocht. Cage war es auch, der dem jungen Brockman Norbert Wieners Grundlagenwerk „Kybernetik – Regelung und Nachrichtenübertragung im Lebewesen und in der Maschine“ zu lesen gab. In dem hatte der Mathematiker Wiener schon 1948 viele Grundlagen der künstlichen Intelligenz vorausgesehen.

Die Kulisse in London war an diesem Tag gut gewählt. Anstatt die Menge der Wissenschaftler, Künstler und Intellektuellen in dem klassizistischen Teehaus der *Serpentine Gallery* inmitten der Kensingtons Gardens zu versammeln, traf man sich im Plenarsaal des Londoner Rathauses, einer futuristischen Glaskuppel, die der Architekt Norman Foster am Ufer der Themse gebaut hatte. So saßen die Vortragenden vor der Londoner Skyline im goldenen Herbstlicht.

Der Auftakt gab den Ton vor. Der Schriftsteller Adam Thirlwell und die Literaturwissenschaftlerin Marina Warner fanden bei ihrem gemeinsamen Vortrag in den „Märchen aus 1001 Nacht“ eine erste Metapher für die künstliche Intelligenz. Der Märchengeist Dschinn, dieser dienstbare Wunscherfüller aus rauchlosem Feuer, sei ein gutes Sinnbild für jene digitalen Kräfte, die derzeit überall entfesselt werden. Nicht nur könnte man das digitale Lodern als zeitgenössisches Bild für das rauchfreie Feuer sehen, es stelle sich auch die Frage nach der Beherrschbarkeit dieses eigentlich aufmüpfigen Flaschengeistes. Wer ihn aus seiner gottgewollten Gefangenschaft befreit, ahnt erst einmal nicht, was Dschinns Zauberkräfte alles anrichten könnten.

Der Ansatz, mit den Mitteln der Kunst, Literatur und Geisteswissenschaften nach Metaphern zu suchen, war gerade deswegen so richtig, weil die zweite Ära der digitalen Technologien, die mit der künstlichen Intelligenz in eine dritte mündet, durch zwei so einfache wie schlüssige Metaphern begreifbar wurde, die beide aus der Welt der Literatur stammten. In dieser zweiten Ära verknüpften sich die Rechenmaschinen zu jenem weltumspannenden Internet, in dem sich Gedanken und Informationen frei oder in Bahnen bewegen. Was heute selbstverständlich ist, war vor 25 Jahren noch eine enorme gedankliche Überforderung.

Eine Wortschöpfung, mit der das begreifbar wurde, war der *Cyberspace,* das kybernetische Universum. Das hatte sich der Schriftsteller William Gibson 1982 im letzten Band seiner „Neuromancer"-Trilogie ausgedacht, einer literarischen Weiterführung der Gedanken, die sich Nobert Wiener in „Kybernetik" gemacht hatte.

Eine weitere Metapher, mit der sich die Menschen im Netz zurechtfinden konnten, war das *Surfen.* Die stammt von der Mediävistin und Bibliothekarin Jean Armour Polly aus der New Yorker Industriestadt Syracuse. Sie verfasste Anfang der 1990er-Jahre als eine der ersten Autorinnen Bücher und Essays über den Einfluss des Internets auf Kinder und Familien. 1992 schrieb sie für eine Fachzeitschrift einen Text über die Informationssuche im Netz.

Damals, drei Jahre vor der Einführung des World Wide Web mit seinen eleganten Benutzerführungen und farbenfrohen Oberflächen, beschrieb man die Benutzung des Internets noch mit Analogien wie Graben, Wühlen oder Navigieren, allesamt mühsame Verfahren. Der kalifornische Jugend- und Freizeitglamour des Surfens traf die Euphorie des Aufbruchs zu den neuen Ufern des Internets schon sehr viel besser. Dazu kam jene Sehnsucht nach Brandung an fernen Ufern, die von Popkultur und Modefirmen gepflegt wurde. Wer kann schon genügend Zeit und Kraft aufbringen, um in Portugal, Australien oder auf Hawaii Wellen zu reiten. Ins Internet kann jeder.

Nun kamen Adam Thirlwell und Marina Warner während des Serpentine Marathon bei ihrer Suche nach einem Bild für die künstliche Intelligenz nicht weit. „Der Dschinn ist weder Dämon noch Engel", sagte Marina Warner, was man über so ziemlich jede Technologie sagen könnte. Ihre kulturwissenschaftlichen Arbeiten drehen sich oft um die Metapher an sich. In ihrem Buch „Phantasmagoria – Geistvisionen, Metaphern und Medien" hat sie schon vor Jahren Verbindungen vom Frühchristentum zur modernen Medientechnologie gezogen. Man dürfe Metaphern jedoch nicht mit Prophezeiungen verwechseln, sagt sie, das sei eine Manie der Gegenwart. Die Hälfte der Nachrichtensendungen bestehe inzwischen aus Voraussagen.

Wissenschaft und Technik sind eigentlich ganz gut darin, den eigenen Verlauf vorauszusagen. Wie sehr sie aber an ihre gedanklichen Grenzen stoßen, wenn es darum geht, die gesellschaftlichen Folgen ihrer eigenen Innovationen zu erfassen, erklärte der Kognitions- und Robotikforscher Murray Shanahan. Der hatte sich als Berater für den wahrscheinlich besten Film über künstliche Intelligenz der letzten Jahre, Alex Garlands „Ex Machina", mit den philosophischen Fallstricken der KI-Debatte auseinandergesetzt.

Shanahan zeigte ein Diagramm, in dem er das Bewusstsein des Menschen in Relation zu nicht-menschlichen Bewusstseinsformen stellte. Das Bewusstsein der Tiere, der Pflanzen, Gesteine, Planeten.

Man müsse den Philosophen Ludwig Wittgenstein zu Rate ziehen, um exotische Formen des Bewusstseins zu erfassen, sagte er. Nach Wittgenstein könne es keine letztgültige Definition des Bewusstseins geben. Eine Maschine, die sich ihrer

Umwelt bewusst, aber weder zu Emotionen noch des Leidens fähig sei, habe zwar nicht die Erfahrung des menschlichen Daseins, doch eine eigene Form des Bewusstseins. Und Wittgenstein habe beschrieben, wie man sich angesichts eines neuen Wesenszustandes selbst verändert. So müsse man den Bewusstseinszustand der künstlichen Intelligenz eben in das oben genannte Schema fügen und berücksichtigen, dass sich der Mensch und auch seine bewusste Sprache damit verändern. „Wir sind in Gegenwart einer gewaltigen Kreatur."

Ein Beispiel habe es schon gegeben. Beim weithin analysierten Wettkampf zwischen dem menschlichen Go-Meister Lee Sedol und der KI-Anwedung Alpha-Go habe beim zweiten Spiel der 37. Zug der künstlichen Intelligenz den Meister buchstäblich aus dem Stuhl gerissen. Das sei ein Zug von strategischer Schönheit gewesen, den kein menschlicher Spieler je so vollzogen hätte. Und doch entschied er das Spiel für die KI. Deswegen solle man sich davor hüten, so Shanahan, der künstlichen Intelligenz menschliche Züge anzudichten. Das sei nur ein verzweifelter Versuch, sich vor der Auseinandersetzung mit dem Unerklärlichen zu drücken.

Auch der schwedische Ökonom Carl Benedikt Frey von der Oxford University, führender Experte für die Veränderungen der Arbeitswelt im digitalen Zeitalter, sah eine neue Dimension der Veränderung. Auf die Frage, ob künstliche Intelligenz nicht lediglich eine romantisierte Form der Automatisierung sei, sagte er: „Auf keinen Fall. Maschinen, die von selbst lernen können, sind etwas vollkommen Neues."

Einig waren sich so ziemlich alle Teilnehmer des Serpentine Marathon, dass der KI noch deutliche Grenzen gesetzt sind. Dass fast alle Formen der KI noch schwache künstliche Intelligenzen sind. Oder das, was die Münchner Künstlerin Hito Steyerl als „KD“, als „künstliche Dummheit“, bezeichnete. Diesen Aspekt brachte am Nachmittag des Marathons dann eben die Kunst am besten auf den Punkt. Der Londoner Künstler James Bridle zeigte das Video seiner Performance „Autonomous Trap“ (frei übersetzt: Selbstfahrerfalle). Dafür zeichnete er auf einem Parkplatz unter den Gipfeln des Parnass einen Kreidekreis, den er mit unterbrochenen Linien umzog, sodass sich Fahrbahnmarkierungen ergeben, die es einem selbstfahrenden Auto erlauben, in den Kreis hinein-, aber nicht, aus ihm wieder herauszufahren. So rollt im Kurzfilm dann auch ein Wagen in den Kreis, kommt zum Stehen, und bleibt. Schlichter Gag, klarer Punkt.

Bei allen kulturellen Umkreisungen des Themas künstliche Intelligenz blieb beim Marathon noch Zeit für Realität. Am aufschlussreichsten war die Diskussion, die John Brockman selbst moderierte. Da traf der Chemie-Nobelpreisträger und Präsident der *Royal Society*, Venki Ramakrishnan, auf den Skype-Gründer Jaan Tallinn und den Direktor des *Alan-Turing-Institutes*, Andrew Blake.

Brockman begann das Gespräch mit der Beobachtung, künstliche Intelligenz sei das große Thema unserer Zeit, eine Geschichte, die in den 1950er-Jahren begonnen habe und uns noch lange begleiten werde. Einig waren sich die Diskutanten nicht. Andrew Blake erzählte von Netzwerken, die im Zusammenspiel von KI und Big Data um das Jahr 2011 herum zum Leben erwacht seien. Künstliche Intelligenz sei ein unfassbar aufregendes intellektuelles Abenteuer. Man solle die Fortschritte nicht mit Horrorszenarien schmälern.

Venki Ramakrishnan dagegen erinnerte daran, dass die erste industrielle Revolution ja nicht nur Fortschritte, sondern vor allem rund hundert Jahre – also drei Generationen – enormer Armut gebracht habe. Die Menschheit habe noch gar keine Ahnung, was die Folgen der Automatisierung geistiger Tätigkeiten mit sich bringe und ob sie je aufholen werde. Auch Jaan Taalinn warnte: „Der Niedergang der Atomindustrie war, dass sie die Risiken herunterspielte. Wenn wir die Unwägbarkeiten der KI nicht jetzt angehen und bald in den Griff bekommen, können wir nur verlieren."

Ein neues Schlagwort prägte an diesem Tag keiner. Doch was da in London begann, war eine erste Bündelung von Gedanken, die versuchen Unverständliches einzukreisen. Vor allem aber hatten Geisteswissenschaften, Literatur und Kunst bewiesen, dass sie für die Erkenntnisgewinnung gerade dann so wichtig sind, wenn Wissenschaft und Technik Schwellen übertreten, die Mensch und Gesellschaft ganz grundsätzlich verändern. Diese Schwelle ist nun erreicht. Mit der künstlichen Intelligenz wird eine maschinelle Geisteskraft geschaffen, die, ähnlich wie die maschinelle Körperkraft im damals heraufziehenden Industriezeitalter, der Menschheitsgeschichte eine neue Richtung geben wird.

Die Schönheit des 37. Zuges

Nun passiert es nicht oft, dass der Lauf der Menschheitsgeschichte eine neue Richtung einschlägt. Feuer, Ackerbau und Industrialisierung waren solche Wendepunkte. Die Digitalisierung wurde als so ein Wendepunkt verkauft, war dann aber weder das Erwachen eines neuen Weltgeistes noch die Revolution, zu der sie das Silicon Valley verklärte. Es ist jetzt schon abzusehen, dass Digitalisierung und Vernetzung in nicht allzu ferner Zukunft lediglich als Vorbereitung einer technologischen Wende in die Geschichte eingehen werden, die jetzt beginnt. Sie sind eben nur zwei der vielen Schritte für diesen Umbruch, für all das, was möglich sein wird, wenn sich künstliche Intelligenz mit Robotik, Bio- und Nanotechnologie, mit künstlichen Synapsen und Quantencomputern vereinen. Wie gewaltig der Schritt über die Schwelle zum Zeitalter der künstlichen Intelligenz sein wird, erkennt man aber schon daran, dass sich das Grundprinzip der Technologie erstmals seit der Frühzeit der Menschheit verändert. Erstmals wird Technologie nicht mehr den Befehlen der Menschen folgen, sondern eigene Entscheidungen treffen. Wobei man die Automatisierungsprozesse der Industrie und der Informatik nicht mit künstlicher Intelligenz verwechseln darf.

In ihrer Funktion sind Computer, Smartphones und das Internet nur Weiterentwicklungen der grundlegendsten aller Technologien, dem Hebel. Egal ob ein Frühzeitmensch einen Stein ins Rollen brachte oder ein Mensch der digitalen Moderne im Internet eine App aufruft, das Prinzip bleibt das Gleiche. Der Mensch bewegt den Hebel, den Knopf, das Tastschirmsymbol. Daraufhin führt die Maschine eine Aufgabe durch. Dabei ist ihre Mechanik oder Elektronik eine Verlängerung oder Erweiterung des menschlichen Körpers. Sollte der Stein ins Dorf der Feinde rollen oder die Webseite Fake News verbreiten, wird das Langzeitfolgen für die Gesellschaft haben, aber das sind Sekundärwirkungen der Technologie. Kontrolle behält im Moment der Hebelwirkung erst einmal der Mensch.

Dieses Prinzip, das so alt ist wie die Menschheit, ändert sich nun mit der künstlichen Intelligenz. Die Maschine wird zum Gefährten. Sie wird zum Nutztier, zum Wachhund, zum Lastesel, zum dressierten Affen, der dem Menschen zwar zu Diensten ist, aber eigenständig handelt, unabhängige Entscheidungen trifft. Der Dinge möglich macht, die der Mensch nicht selbst bewältigen kann. Das wird auch das Verhältnis von Mensch und Maschine schon bald grundlegend verändern.

Noch bleibt diese gewaltige Kreatur, die Murray Shanahan in London beschrieb, eine Wesensform, die sich vor den Menschen verbirgt. Das könnte noch lange so bleiben, denn technische Entwicklung ist ein langsamer, evolutionärer Prozess. Viele Meilensteine werden von der Öffentlichkeit kaum oder gar nicht wahrgenommen. Auch die Kommunikation mit schwachen künstlichen Intelligenzen hat sich fast unbemerkt in das Leben der meisten Menschen eingeschlichen. Wer deutet schon die Gewichtungen der Algorithmen eines sozialen Netzwerkes wie Facebook, Instagram oder Twitter. Die Timelines und Newsfeeds perlen so selbstverständlich durch den digitalen Alltag wie ein Bächlein durch die Bergwiese.

Einer der ersten Menschen, der ganz bewusst einer hochentwickelten künstlichen Intelligenz begegnete, war der südkoreanische Weltmeister im Brettspiel Go Lee Sedol. Erstmals war es kein Programmierer, kein Ingenieur, kein Designer, der einer KI begegnete, sondern ein Unbeteiligter. Nicht nur das, Sedol war sogar ein Gegner, der sich mit der KI messen musste. Sedol spielte in Seoul fünf Partien gegen die Software AlphaGo der Google-Tochterfirma Deepminds. Vier davon verlor er. Es gibt einen Dokumentarfilm über diesen Wettkampf zwischen Mensch und Maschine. „Alpha Go" heißt er und ist der bisher beste Film, um die Dimensionen der künstlichen Intelligenz und den aktuellen Stand der Dinge zu verstehen. Es hilft, dass Vorbereitung und Ablauf der Spiele mit der Dynamik eines Thrillers erzählt werden. Was nicht zuletzt daran liegt, dass Regisseur Greg Kohs lange für die Filmabteilung der *National Football League* gearbeitet und dort gelernt hat, das Drama eines American-Football-Spieles oder das einer Spielerbiografie so zu inszenieren, dass es die Eingeweihten der Fangemeinde genauso mitreißen kann, wie Gelegenheitszuschauer.

Der Film beginnt mit einer kurzen Einführung in das chinesische Brettspiel Go, das seit zweieinhalbtausend Jahren und inzwischen in aller Welt gespielt wird. Dabei legt man auf einem Quadrat aus 19 x 19 Feldern schwarze oder weiße

Steine strategisch so auf, dass sie ein möglichst großes Stück vom Spielfeld eingrenzen, also erobern. Weil das Spiel trotz der einfachen Regeln eine geistige Höchstleistung erfordert, so erklärt es der Film, wird jeder Spieler auf die Essenz seiner selbst stoßen. Man spiele Go nicht nur, um Go zu verstehen, sondern um das Verstehen an sich zu verstehen.

Genau deswegen, sagt der Deepmind-Wissenschaftler Dave Silver, sei Go der heilige Gral der künstlichen Intelligenz. Und der Firmengründer Demis Hassabis, selbst ein ehemaliger Schachmeister, sagt: „Wir sehen Deepmind als eine Art Apollo-Programm für künstliche Intelligenz. Unsere Mission ist es, Intelligenz ganz grundsätzlich zu verstehen und sie künstlich nachzubilden."

Zu Beginn des Filmes holt das Deepmind-Team Fan Hui in sein Labor, den chinesischstämmigen Europameister, ein Spieler des zweiten Dan. Der neunte Dan gilt als höchste Stufe innerhalb der Rangfolge. Fan Hui ist zunächst amüsiert, dass er gegen eine Maschine spielen soll. Doch nach seiner Niederlage wirkt er schockiert.

Als nächstes fordert das AlphaGo-Team Lee Sedol heraus, den koreanischen Weltmeister, der den Rang des neunten Dan erreicht hat. Im Vorlauf zu den Spielen sieht man den hageren Sedol, der mit der Aura des immer leicht abwesenden Genies vor der koreanischen Presse auftritt. „Ich will nicht zu arrogant klingen, aber ich glaube, ich bin im Vorteil", sagt er da. „Das Level des Spielers, gegen den Alpha Go vor mir antrat, ist nicht auf meinem Niveau. Und nachdem nur ein paar Monate vergangen sind, wird das nicht genug Zeit gewesen sein, auf mein Niveau aufzuholen. Meine Hoffnung ist, dass es entweder 5:0 für mich ausgeht, oder vielleicht 4:1. Der kritische Punkt für mich wird also sein, kein einziges Spiel zu verlieren."

Bei der Pressekonferenz nach dem ersten Spiel, das er verloren hat, wirkt Lee Sedol nachhaltig erschüttert. „Ich habe noch nie so einen Druck verspürt. So eine Last", sagt er. Es ist ihm, aber auch den Beobachtern klar, dass er nicht nur für sich selbst spielt, sondern in der Wahrnehmung stellvertretend für die Menschheit im Wettstreit mit der Maschine. „Ich glaube, ich war zu schwach, um darüber hinwegzukommen." Seine von Natur aus hohe Stimme, ist brüchig, fast unhörbar dünn. Mit zusammengesunkenen Schultern sitzt er auf dem Barhocker auf der Bühne. Noch zwei Spiele verliert er, bevor er das einzige Spiel des Matches gewinnt.

Es ist im zweiten Spiel, als Lee Sedol der künstlichen Intelligenz als übermächtiger Kreatur begegnet. Der 37. Zug der künstlichen Intelligenz verblüfft ihn ebenso wie die Beobachter und Kommentatoren. Die sind regelrecht entsetzt. Es ist, so sagen sie, kein Zug, den je ein Mensch so gemacht hätte. AlphaGos künstliche Intelligenz rechnet sogar aus, dass die Chance, dass ein Mensch so gespielt hätte nur bei 1 : 10 000 liegt. Das Programm setzt sich in diesem Moment über die Erfahrungen und Anweisungen seiner menschlichen Schöpfer hinweg. Die Maschine handelt eigenständig. Zug 37 entscheidet im Rückblick dann auch das Spiel für die Maschine. „Ich dachte, AlphaGo würde auf Wahrscheinlichkeitsrechnung basieren und dass es nur eine Maschine wäre", sagt Lee Sedol später. „Nach dem Zug änderte ich meine Meinung. Dieser Zug war kreativ und wunderschön."

Nach den fünf Spielen sitzt Lee Sedol für die Dokumentarfilmer abseits des Presserummels an einem Tisch. Da sieht man nicht nur einen Weltmeister, der zum ersten Mal in seiner Laufbahn verloren hat. Lee Sedol erinnert in diesem Interview an eine Filmfigur, einen Astronauten zum Beispiel, der versucht, den Horror zu beschreiben, den er gerade erlebt hat, als er mit dem außerirdischen Monster auf der Raumstation eingeschlossen war, und den trotzdem die überwältigende Schönheit des Weltraums berührt hat. „Ich bin an dieser Erfahrung gewachsen", sagt er, sichtlich bewegt. „Ich werde aus den Lektionen, die ich da gelernt habe, etwas machen."

Lee Sedols Niederlage gegen AlphaGo war ein Meilenstein in der Geschichte der Technologie. In Asien verfolgten Millionen die Partien im Fernsehen. Weltweit gab es Schlagzeilen. Im Westen bekam das weltbewegende Ereignis allerdings nicht ganz so viel Aufmerksamkeit. Das liegt zum einen daran, dass Go in Asien, vor allem in China, Korea und Japan, ein geistiger Volkssport ist, im Westen aber nur von kleinen Kreisen gespielt wird. Zum anderen sind Go und Schach zwar die beiden Spiele, an denen Computerintelligenz schon früh gemessen wurde. Es sind aber auch die Spiele, die dem mathematischen Denken der Programmierer und Ingenieure entspricht. Das ist trotz der globalen Digitalisierung weit weg von den Denkweisen der meisten.

Ohne den Sinn für die weltbewegende Bedeutung der AlphaGo-Spiele fehlte der Weltöffentlichkeit allerdings auch der Sinn für den nächsten Meilenstein in der Entwicklung der künstlichen Intelligenz. Im Oktober 2017 stellte die Google-Tochterfirma Deepmind in einem Artikel für die Zeitschrift *Nature* ihre künstliche Intelligenz AlphaGo Zero vor. Der Schritt, den dieses Programm vollzog, war noch eindrucksvoller als der Sieg seines Vorläuferprogramms über Lee Sedol. Die Methode, mit der die Ingenieure von Deepmind der ersten Version AlphaGo das Spielen beigebracht hatten, war der konventionelle Weg des Maschinenlernens. Über Wochen hatte man das neuronale Netz des Programms mit Millionen von Spielzügen und Partien gefüttert, bis es aus den Datenmassen eigene Spielzüge ableiten konnte.

AlphaGo Zero war einen Schritt weiter. Die Ingenieure hatten der künstlichen Intelligenz ausschließlich die Regeln des Spiels eingegeben. Nach drei Tagen hatte die künstliche Intelligenz fünf Millionen Partien gegen sich selbst gespielt und war bereit, gegen die Version ihres Vorläuferprogramms zu spielen, die Lee Sedol besiegt hatte. Einhundert Mal traten die beiden Programme gegeneinander an. Einhundert Mal gewann AlphaGo Zero mit seinem selbst generierten Datensatz gegen die menschengemachten Big Data seines Vorgängers. Nach weiteren vierzig Tagen besiegte das neue Programm eine optimierte Version von AlphaGo. Es wäre übertrieben, von einer Emanzipation der künstlichen Intelligenz zu schreiben. AlphaGo Zero ist zwar keine schwache künstliche Intelligenz mehr, aber es beschränkt sich auf ein sehr eng umrissenes Feld, in dem es die Menschen übertreffen kann.

Die AlphaGo-Programme sind jedoch gute Beispiele, um zu verstehen, warum der Quantenchip Bristlecone so eine Sensation hätte sein sollen, als Google ihn im März 2018 vorstellte. Bristlecone steht allerdings exemplarisch für das Problem, der Öffentlichkeit weltbewegende Technologien zu vermitteln. Beide AlphaGo-Programme hatten für ihre Spiele die Monte-Carlo-Methode verwendet, bei der die künstliche Intelligenz vom jeweiligen Startpunkt des Spielzuges aus sogenannte Spielbäume durchsucht. Jeder Spielbaum zeigt, welche Verläufe sich aus den jeweils möglichen nächsten Zügen ergeben. Hat die KI den besten aller Züge gefunden, trifft sie ihre Entscheidung. Wobei es bei Spielen wie Schach und Go selbst für künstliche Intelligenzen unmöglich ist, sämtliche Kombinationen durchzuspielen.

Bei Go gibt es zum Beispiel für den Eröffnungszug 361 Möglichkeiten, für den Gegenzug wiederum 360. Im Schnitt gibt es für jeden weiteren Zug 200 Alternativen. Bei einer durchschnittlichen Dauer von 150 bis 250 Zügen pro Partie, ergibt sich für so einen Spielbaum eine Größe von 200 hoch 150. Auch eine Schachpartie ist kaum komplett zu bewerten. Das, so Hassabis, führt dazu, dass die Anzahl der möglichen Konfigurationen auf dem Spielbrett größer ist, als die Anzahl der Atome im Universum. „Wenn man alle Computer der Welt nimmt und sie eine Million Jahre laufen lässt, würde die Rechenleistung nicht ausreichen, um alle Variationen zu berechnen." Deswegen nutzen künstliche Intelligenzen wie AlphaGo die Monte Carlo Tree Search-Methode MCTS, mit der sich Zufallsvariationen und Wahrscheinlichkeiten zu einem bestmöglichen Ergebnis kombinieren lassen. Die Algorithmen finden dabei die aussichtsreichsten Züge. Und je mehr sie gespielt haben, desto sicherer werden sie in ihren Entscheidungen.

Googles Quantenchip Bristlecone arbeitet nicht mehr nach solchen linearen Modellen. Während konventionelle Chips ihre Rechenschritte zwar in atemberaubender Geschwindigkeit, aber immer noch Schritt für Schritt durchführen, erledigen Quantencomputer solche Schritte parallel.

Das können sie, weil Quantencomputer auf einer subatomaren Ebene arbeiten, auf der die landläufigen physikalischen Gesetze nicht gelten. So hat ein Bit in einem regulären Computer entweder den Wert Eins oder den Wert Null. Ein Quantenbit kann jeden beliebigen Wert gleichzeitig annehmen. Dadurch potenziert sich auch die Rechenleistung. Während ein Quantenbit noch einem Bit entspricht, sind 2 Qubits schon 4 Bits, 4 Qubits 16, so dass man bei einer Leistung von 40 Qubits schon bei knapp 110 Milliarden Bits landet. Zum Vergleich – auf den Chip eines herkömmlichen PCs passen rund 18 Milliarden Bit.

Bristlecone war nun der erste Quantenchip, der die digitale Schallmauer von 50 Quantenbit durchbrach. So schnell war der bisherige Rekordquantenchip von IBM gewesen. 50 Quantenbit sind allerdings immer noch die Leistungsgrenze herkömmlicher Supercomputer. Erst danach beginnt die sogenannte quantum supremacy, die Überlegenheit der Quantencomputer. Bristlecone schafft 72 Quantenbit.

Der deutsche Physiker Hartmut Neven leitet Googles *Quantum Artificial Intelligence Laboratory* im kalifornischen Venice, wo Bristlecone entwickelt wurde. Der fand bei einem Interview mit der Zeitschrift *Focus* ein anschauliches Beispiel für die Rechenleistung seines Chips. Sein Quantenchip kann eine 301-stellige Zahl in weniger als einer Sekunde in ihre Primfaktoren zerlegen. Ein herkömmlicher Computer bräuchte dafür fast 100 000 Jahre. Die Möglichkeiten, die sich mit solchen Chips für künstliche Intelligenz eröffnen, sind enorm. Noch laufen solche Chips nicht stabil genug. Nimmt man aber Demis Hassabis Einschätzung, dass sämtliche Computer der Welt bei einer Million Jahre Laufzeit nicht genügend Rechenleistung hätten, um sämtliche Konfigurationen eines Go-Spieles zu berechnen, ahnt man, dass Quantenchips irgendwann doch einmal den Punkt erreichen könnten, an dem sie solche Aufgaben bewältigen.

Jetzt schon zeichnet sich ab, dass die nächsten Herausforderungen an künstliche Intelligenzen, weit über die Berechnungen eines Brettspieles hinausgehen werden. Immer mehr KI-Labore versuchen sich in Videospielen. Im August 2018 besiegte zum Beispiel ein Verbund aus fünf neuronalen KI-Netzen mit dem Titel „Open AI Five" in zwei von drei Runden eine menschliche Mannschaft im Videospiel „Defense of the Ancients 2". Bei dieser „multiplayer online battle arena" ist nicht nur eine sehr viel komplexere Strategie gefordert, sondern vor allem Reaktionen in Echtzeit und Teamplay. Beides Fähigkeiten, die man bisher nicht von Computern kannte.

Maschinen unter sich

Im Juli 2017 ging die Nachricht um die Welt, dass Facebook zwei künstliche Intelligenzen abschalten musste. Sie hatten eine eigene Sprache erfunden und sich so der Kontrolle ihrer Schöpfer entzogen. Der ursprüngliche Auftrag an die KI war eigentlich, Verhandlungsstrategien zu entwickeln, um so mit Menschen zu kommunizieren. Der Dialog zwischen der KI Alice und der KI Bob las sich dann allerdings wie folgt:

Bob: ich kann ich ich alles andere..............

Alice: bälle haben null für mich für mich für mich für mich für mich für mich für mich für mich für

Bob: du ich alles andere..............

Alice: bälle haben einen ball für mich für mich für mich für mich für mich für mich

Bob: ich ich kann ich ich ich alles andere..............

Alice: bälle haben einen ball für mich für mich für mich für mich für mich für mich für mich

Bob: ich..............

Alice: bälle haben null für mich für mich für mich für mich für mich für mich für mich für mich für

Bob: du ich ich ich ich ich alles andere..............

Alice: bälle haben 0 für mich für mich für mich für mich für mich für mich für mich für mich für

Bob: du ich ich ich alles andere..............

Alice: bälle haben null für mich für mich für mich für mich für mich für mich für mich für mich für

Mit ein wenig Sinn für Science Fiction klang das nach dem Frühstadium eines Katastrophenszenarios. Verschwören sich Alice und Bob gerade zur Eroberung der Welt und Versklavung der Menschheit wie in „The Matrix"? Entsteht da ein Netzwerk künstlicher Intelligenzen wie das Skynet aus den „Terminator"-Filmen, das die Menschheit vernichten will? Die digitale Kreolsprache folgte ganz offensichtlich linguistischen Regeln. Es waren nur keine menschlichen Regeln.

So bizarr sich der Dialog auch las, Facebook hatte keineswegs buchstäblich den Stecker gezogen, weil die Ingenieure befürchteten, dass sich die beiden KIs selbstständig machen würden und Unheil anrichten könnten. Alice und Bob hatten schlichtweg ihre Aufgabe nicht erfüllt. Und die lautete nun mal, einen Kompromiss so auszuhandeln, dass er in einer Kommunikation mit Menschen verwendet werden kann. Der Fall ist trotzdem exemplarisch. Weil er Einblick gibt, wie künstliche Intelligenzen so etwas wie eigene Denkprozesse entwickeln, mit denen sie auf ein Ziel zuarbeiten. Und weil er zeigt, wie die Schieflagen in der Diskussion um künstliche Intelligenz entstehen.

Für die Facebook-Ingenieure war der linguistische Crashkurs von Alice und Bob ein wichtiger Entwicklungsschritt. Zum einen erkannten sie, nach welchen Mustern künstliche Intelligenzen menschliche Sprache vereinfachen. Das Kauderwelsch war das Ergebnis vieler Durchgänge sogenannten *reinforcement learnings*, eines bestärkenden Maschinenlernens, das mithilfe unregelmäßiger Belohnungssysteme die KI dazu bringt, eigene Strategien zu entwickeln. Alice und Bob hatten das Problem vorgeführt, was passiert, wenn zu viele solcher Feedback-Schleifen die KI in eine falsche Richtung lenken. Mit jeder Verhandlungsrunde hatten Alice und Bob jene Teile der Sprache eliminiert, die für das Verhandlungsergebnis irrelevant waren. Dabei blieb die englische Grammatik auf der Strecke. Doch die war ja nicht Teil der Aufgabe. Außerdem ist Sprache keineswegs so klar definiert wie etwa die Regeln für ein Brettspiel wie Go.

Die serielle Verwendung der Personalpronomen war wiederum ein Zeichen dafür, dass die künstlichen Intelligenzen begannen, so etwas wie eine eigene Form des Argumentierens zu erschaffen. Das Szenario, das Alice und Bob vorgegeben wurde, war eine Anzahl von Gegenständen, genauer gesagt drei Bälle, zwei Bücher und einen Hut untereinander aufzuteilen. Jeder dieser Gegenstände hatte einen unterschiedlichen Wert für die jeweilige KI. Und so begannen die Verhandlungen. Da bedeutete ein achtfaches „für mich", dass Alice ihrer Aussage Nachdruck verleiht, ein zweifaches „ich" kann heißen, dass Bob zwei Stück einfordert. Die Formulierung „null für mich" bedeutet wiederum, dass Alice auf Bälle ganz verzichtet, während Bob in der dritten Zeile offensichtlich ein Angebot macht, ein Stück an Alice abzugeben und zwei Stück für sich selbst zu behalten.

Auf der Basis dieses Experiments wollen die Facebook-Programmierer nun Wege finden, solche Verhandlungssimulationen auch für Menschen verständlich zu machen. Sie sind dem Google Deepmind-Team damit sogar einen Schritt voraus, weil sie die Parameter für bestärkendes Lernen enorm kompliziert hatten.

Die drei Parameter sind:

- Ein klar definiertes Feld von Möglichkeiten. Im Falle von AlphaGo die Regeln des Brettspieles. Für Alice und Bob die englischen Sprachregeln und die Mengenlehre.
- Eine Methode, ein Ergebnis zu quantifizieren. Bei AlphaGo heißt dies entweder Sieg oder Niederlage. Alice und Bob müssen dagegen abwägen, ob sie mit der Aufteilung der Gegenstände zufrieden sind.
- Eine Methode, die Problemlösung zu simulieren. Für AlphaGo ist das, Go gegen sich selbst oder einen Gegner zu spielen. Für Alice und Bob heißt das, einen Dialog zu entwickeln, an dessen Ende die Aufteilung der Gegenstände steht.

Trotz der technisch einleuchtenden Erklärungen blieben von der Anekdote vor allem die apokalyptischen Schlagzeilen einer durchgedrehten Facebook-KI. Was vor allem am Zeitpunkt lag. In diesem Juli 2017 hatte zunächst Elon Musk für Aufsehen gesorgt, als er bei der Jahresversammlung der *National Governors' Association,* einem Dachverband amerikanischer Gouverneure, vor den Gefahren der künstlichen Intelligenz warnte. Vor der Massenarbeitslosigkeit. Vor Manipulationen der Politik. Vor allem aber vor der Kombination sogenannter tiefer KI in den neuronalen Netzwerken einer digitalisierten Welt, die in Kombination mit den enormen Fortschritten der Robotik Horrorvisionen aus Filmen wie „Terminator" eben doch wahrscheinlich machten.

Prominenteste Gegenstimme war ein paar Tage später Facebook-Gründer Mark Zuckerberg. „Ich habe eine ziemlich klare Meinung", sagte er. „Ich bin optimistisch. Ich glaube, man kann Sachen bauen und die Welt so besser machen. Und vor allem bei künstlicher Intelligenz bin ich optimistisch. Ich verstehe diese Schwarzseher nicht, die solche apokalyptischen Szenarien aufbauschen. Das ist unverantwortlich."

Eigentlich hatten beide ein Glaubwürdigkeitsproblem. Elon Musk ging zur gleichen Zeit mit seinen Marsplänen hausieren. Lange schon hatte er verkündet, er wolle mit seiner Firma SpaceX Millionen Menschen auf den Mars umsiedeln und so die menschliche Spezies vor der Auslöschung durch eine Apokalypse retten. Nun sollte die amerikanische Weltraumagentur NASA ihm zuarbeiten und auf dem Mond eine Zwischenstation errichten.

Mark Zuckerberg wiederum hatte zu der Zeit gerade mit der aufwallenden Gegenreaktion auf die sozialen Medien zu kämpfen. Zudem war es mehr als deutlich, dass künstliche Intelligenz Facebook einzig und allein dabei helfen sollte, seine Anzeigenpolitik noch schärfer zu fokussieren und das Datensammeln noch präziser zu machen.

Die Motive der beiden mögen klar gewesen sein. Musk war allerdings im Vorteil. Zuckerberg galt längst als Zyniker und skrupelloser Geschäftemacher. Musk wurde immer noch als Superstar und Visionär gefeiert. Musks apokalyptische Visionen bereiteten so den medialen Nährboden für die Schlagzeilen über die durchgedrehte Facebook-KI. Was da auf der Strecke blieb waren die Tatsachen, was KI wirklich schon kann, welche Gefahren in der Entwicklung lauern aber auch welche Chancen.

Ein Bruch in der Kulturgeschichte

Kreativität ist eine Eigenschaft, die den Menschen ähnlich wie Sprache, Geist und Gefühle vom Rest der Natur unterscheiden soll. Dazu gehören längst auch die Maschinen. Wenn aber AlphaGo mit seinem Zug 37 Kreativität bewiesen hat, wenn Bob und Alice innerhalb kurzer Zeit eine eigene Sprache entwickeln, dann ist der Weg zu Bewusstseins- und Gefühlszuständen theoretisch nicht mehr weit.

Der amerikanische Künstler Ian Cheng beschäftigt sich seit Beginn seiner Laufbahn mit digitalen Ausdrucksformen. Ian Chengs jüngste Arbeit BOB vom Frühjahr 2018 ist ein Kunstwerk, das auf der künstlichen Intelligenz sogenannter *game engines* basierte, also den selbstlernenden Algorithmen aus Computerspielen. BOB war die Abkürzung für *bag of beliefs*, grob übersetzt, ein Haufen Glaubensformen. Die Arbeit bestand bei ihrer ersten Ausstellung in der Londoner Serpentine Gallery aus drei raumhohen Videoschirmen, auf denen sich ein orangefarbenes, digitales Wesen drehte, wendete, aufrichtete und wieder zusammenkauerte. Das Wesen wirkte wie ein krude generierter Drache oder eine Raupe.

BOB sei, so Cheng, ein Epochenbruch der Kunstgeschichte. Weil BOB nichts repräsentiere, sondern projiziere. Es werde keine Vergangenheit oder Gegenwart abgebildet oder abstrahiert, sondern eine Zukunft in den Raum gestellt. Das orangefarbene Wesen sei auch kein Werk des Künstlers, sondern seine Kreatur, die sich in jedem Moment ihres Daseins neu erschaffe, die ihre Umwelt mit 25 verschiedenen Sinnesformen wahrnehme, sie speichere, sich erinnere, sich so verändere. Dazu kam, dass sie aus den Betrachtern Mitwirkende machte. Über eine Iphone-App konnte man mit BOB kommunizieren.

„Die Lebendigkeit eines Kunstwerks ist für mich der Kern, denn nur, wenn wir mit Lebendigem konfrontiert werden, können wir verstehen, was hinter dem liegt, was sie repräsentieren oder symbolisieren, können Widersprüche hinnehmen und die Komplexität verstehen, die sie ausmacht", sagte Cheng.

Für das Verständnis der künstlichen Intelligenz taugt bildende Kunst mindestens so gut, wie Film oder Literatur. Kunst bringt den aktuellen Stand einer neuen Technologie sogar noch näher, weil die Künstler mit Dingen eine neue Ausdrucksform finden müssen, mit denen sie handwerklich noch gar nicht umgehen können. Eine andere Künstlerin, die sich mit KI beschäftigt, die Münchner Kunstfilmerin Hito Steyerl sagt wiederum, dass es die Menschheit bei KI keineswegs mit Intelligenz, sondern mit „künstlicher Dummheit" zu tun habe: „Momentan ist künstliche Dummheit in der Form von Bots und dysfunktionaler Automatisierung die real existierende Version der KI, genauso wie der real existierende Ostblock die real existierende Form des Kommunismus war. Künstliche Dummheit ist trostlos, albern und treibt einen zum Wahnsinn. Sie ist gesellschaftlich gefährlich, weil sie Jobs und Einkommen zerstört. Sie ist allerdings auch AR – actual reality, effektive Realität, und keine beschönigte Investoren-Utopie."

Nimmt man die Künstler wörtlich, dann zeigen ihre Werke also nicht nur den aktuellen Stand, sondern auch eine erste Ahnung des künftigen Umgangs mit künstlicher Intelligenz. Betrachtet man sie nach den Kriterien, mit denen Kunst bisher beurteilt wurde, zeigt sich dann, frei nach Hito Steyerl, zunächst einmal die Dummheit, nach Ian Chengs Theorie die hässliche Fratze der KI. So wegweisend Chengs BOB sein mochte, so hässlich war er auch, dieses Gewürm aus orangefarbenen und schwarzen Pixels, das sich zusammenknäuelte und wieder ausstreckte, das schmatzte und gurgelte, sich aufrichtete, als sähe es dem Betrachter ins Gesicht und dabei Teile von sich in den Raum verteilte, als häute sich ein Reptil.

Chengs BOB ist kein Einzelfall. Das NRW Forum in Düsseldorf zeigte im Sommer 2018 eine Ausstellung mit neun Werken, für die Künstler aus Europa und Amerika KI benutzten. Was da zu sehen war, bestätigte viele der Vorbehalte gegen KI und ihre Anwendungen. Kaum etwas funktionierte. Vor allem aber waren die Werke hässlich, banal und bei längerer Betrachtung nervtötend.

Liat Grayvers „Robotic Paintings" beispielsweise, ist eine Zusammenarbeit der Malerin mit einem Roboter, der angetrieben von der Software e-David der Universität Konstanz, abstrakte Gemälde in Acryl auf Leinwand anfertigt. Seit 2015 bringt die Künstlerin den Robotern das Malen bei, füttert ihre selbstlernenden Algorithmen mit Pinselführung und Bildaufbau. Was dann herauskommt sind plumpe Abstraktionen, wie man sie aus den Galerien in den Touristenvierteln von Rom, Miami oder Ibiza kennt, seelenlose Farbwischereien, die sich zum abstrakten Expressionismus in etwa so verhalten, wie eine Karaoke-Performance zur Inbrunst von Aretha Franklin.

Den deutlichsten Anschluss an Ian Chengs BOB fand der britische Künstler William Latham mit seiner „Mutator Virtual Reality“. Dafür setzte man sich eine VR-Brille auf und nahm einen Controller zur Hand, wie er auch in Video- und VR-Spielen üblich ist. Über die Rundumprojektion der Virtual Reality-Brille tauchte man so in einen bonbonfarbenen Raum, in dem ein ebenso buntes Knäuelwesen schwebte. Bediente man nun die Tasten des Controllers, bewegte sich das Wesen. Es dreht sich, ballte sich zusammen, streckte sich aus. So nahmen die wurmähnlichen, digital schillernden Einzelteile bald schon den gesamten Raum aus psychedelisch flimmernden Ebenen ein, simulierten schwappende Bewegungen und absorbierten so den Blick des Betrachters völlig.

Es wäre nun leicht, sich über die künstliche Dummheit einiger anderer Arbeiten lustig zu machen. Nora Al-Badris und Jan Nikolai Nelles' „NefertitiBot“ beispielsweise besteht aus einem Nefertiti-Kopf auf einer Nutzeroberfläche, der von einer fiktiven Jugend der altägyptischen Königsgattin in ihrer digitalen Inkarnation erzählt. Man kann sie unterbrechen, indem man ihr Fragen über ein Mikrofon stellt, welche die KI dann in einen Chatverlauf eingliedert. Die meisten Fragen versteht der NefertitiBot allerdings nicht, und wenn die Frage es dann doch bis in die Chatmaske schafft, gibt Nefertiti schnippische Antworten, die nicht so recht auf den Frager eingehen und sich lesen, als seien sie allesamt vorprogrammiert.

Im nächsten Saal reagierte die KI-getriebene Barbiepuppe, die Faith Holland für „Hello Barbie: The First Dispatch" programmiert hat, erst gar nicht. Angeblich kann sie sich an alles erinnern, was ihr die Museumsbesucher gesagt haben, ist gleichzeitig via WiFi an die Nachrichtenflüsse des Weltgeschehens angeschlossen. Nur – sie blieb (an diesem Nachmittag zumindest) stumm, ein Plastikpüppchen mit wohl sozialkritischem Anspruch ohne jegliche Regung.

So ein bisschen menschlicher Triumphalismus ist da verlockend. Künstliche Dummheit, künstliche Unfähigkeit, künstliche Banalität. Man muss sich nur umschauen, dann findet man unzählige solcher Beispiele, nicht nur in der bildenden Kunst. Das Eye Film Museum in Amsterdam beschäftigt seit August 2016 eine KI mit dem Namen Jan Bot, die ununterbrochen kurze Experimentalfilme produziert. Was man da auf der Webseite zu sehen bekommt, sind allerdings nur wirr zusammengeschnipselte Videos aus dem Archivmaterial des Museums.

Ein anderes Beispiel für die Unfähigkeit künstlicher Intelligenzen, kreativ zu arbeiten, ist das Programm Botnik, das nach dem Prinzip der „Predictive Text"-Technologie funktioniert, die beim Tippen auf dem Computer oder auf dem Handy, das nächste Wort vorschlägt. Nur dass Botnik so ganze Buchtitel vorschlägt. Im Winter 2017 versuchte sich das Team aus Entwicklern und Autoren daran, die KI das Kapitel eines Harry-Potter-Romanes schreiben zu lassen.

Die Ergebnisse verbreiteten sich umgehend als Meme im Internet, jene inflationär weitergereichten Beiträge, die nach dem Begriff des Evolutionsbiologen Richard Dawkins benannt wurden und die den Kern der Popkultur des digitalen Zeitalters bilden. Ursprünglich meinte er damit vielfach weitergegebene Ideen, Verhaltensweisen oder Stile, die er wie geistige Viren beschrieb. Im Unterschied zu einem Hit ist es nicht immer eine so gute Sache, zum Mem zu werden. Wie auch in diesem Fall. Da standen Absätze wie: „Todesser sind auf der Spitze des Schlosses, blökte Ron zitternd. Er würde Spinnen sein. Er würde das einfach sein."

Nicht alle Kunstformen hinken allerdings so hinterher. Die Musik ist vermutlich das Feld, in dem KI der menschlichen Kreativität schon am nächsten gekommen ist. Was leicht nachvollziehbar ist. Die Regeln sind zumindest in der westlichen Musik ähnlich klar und mathematisch aufgebaut, wie bei einem Brettspiel. Ausdruck und Emotionalität entstehen bei der Ausführung. Das Komponieren selbst aber, lässt sich ganz offensichtlich lernen.

In Luxemburg hat der Komponist und Informatiker Pierre Barreau der KI Aiva beigebracht, Musik zunächst für Klavier, inzwischen für Orchester zu komponieren. Dafür fütterte er ihre selbstlernenden Algorithmen mit unzähligen Werken von Komponisten wie Mozart, Beethoven oder Bach. Mit der Selbstlernmethode nach dem Belohnungsprinzip fand Aiva aus den Mustern der klassischen Komponisten eigene Wege, zu komponieren.

Aiva ist über den Experimentierstatus längst hinaus. Ihre Kompositionen sind seit 2016 bei der Verwertungsgesellschaft SACEM angemeldet, dem französischen Pendant zur deutschen GEMA. Im Dezember 2017 veröffentlichte die kalifornische Spielfirma Epicstars mit dem brutalisierten Minecraft-Klon „Pixelfield" das erste Spiel mit einem Soundtrack, den Aiva komponierte.

Im darauffolgenden Frühjahr präsentierte Barreau sein Werk auf großer Bühne. Das Publikum war durchaus begeistert. Was das Orchester da auf der Aufnahme spielte, klang nicht anders, als unzählige Filmmusiken aus Hollywood. Die Harmonien stimmten, die Spannungsbögen waren so dynamisch, wie es sich für einen Soundtrack gehört. Moll-Akkorde produzierten den dramatischen Unterton. Und weil ein Orchester die Musik aufführte, und kein synthetischer Sound das Klangbild störte, war das Publikum auch begeistert. Sicher waren das symphonische Banalitäten. Aber solche feinen Unterschiede hört man nur mit geübtem Ohr. Was Aiva da simulierte, war nicht nur orchestraler Monumentalklang, sondern auch jene Aufwallungen, mit denen Komponisten in Hollywood schon lange die Gefühle ihres Publikums manipulieren.

Wenn künstliche Intelligenz also das Komponieren so lernen kann, dass sie den Großteil eines durchweg gebildeten Publikums überzeugt, gibt es keine Garantien, dass sie sich nicht auch andere Künste erobert. Ob das Kreativität ist oder Simulation wird eine immer schärfer werdende Debatte bleiben. Denn gerade da geht es um eine zutiefst menschliche Domäne.

Philosophische Zombies

Die letzte Grenze zwischen Mensch und Maschine ist das Bewusstsein. Egal wie hochentwickelt die künstliche Intelligenz auch sein mag, eine Maschine weiß nicht, dass sie existiert, und auch nicht, dass es außerhalb ihrer selbst eine Welt gibt. Selbst ein selbstfahrendes Auto, dessen Funktionen davon abhängen, dass Kameras und Sensoren die Umwelt erfassen, auswerten und dementsprechend reagieren, haben kein Bewusstsein, dass es da eine Welt gibt, durch die sie fahren. Landschaften, Straßen, andere Autos und Passanten sind nur Daten, die sie sammeln, um Berechnungen für Kurs, Geschwindigkeit und Bremsvorgänge vorzunehmen.

Bewusstsein war von Anfang an der evolutionäre Vorteil des Menschen. Kein anderes Wesen konnte sich ein mentales Bild seiner Umwelt machen und es im Gedächtnis speichern, dieses Bild wiederum mental manipulieren, hypothetische Was-wäre-wenn-Fragen stellen, die Antworten daraufhin umsetzen und Lernprozesse in Gang setzen. Dieses kausale Denken beruht auf repräsentativen Modellen, die ein solches Erörtern zulassen. Im Laufe der menschlichen Entwicklung wurde dieses Denken immer komplexer. Zu den mentalen Bildern der Umwelt und des Gegenübers kam das unendlich komplizierte Bild, das der Einzelne von sich selbst hat.

Künstliche Intelligenz kann keine solchen Modelle erschaffen. Das Maschinendenken, wenn man es denn so nennen will, beruht heute und bis auf weiteres ausschließlich auf statistischen Modi, die Funktionen ableiten, indem sie diese mit Datenpunkten abgleichen. Selbst ein so komplexes Selbstlernsystem wie AlphaGo Zero generiert letztlich nur große Mengen statistischer Datenpunkte, um daraus Funktionen abzuleiten.

Die Frage bleibt, und sie ist die bange Grundsatzfrage der KI-Debatte – können Maschinen Bewusstsein entwickeln? Der Science-Fiction-Autor Philip K. Dick stellte diese Frage 1968 im Originaltitel seines Romans, aus dem später der Film „Blade Runner" wurde: „Träumen Androiden von elektrischen Schafen?" Um diese Grundsatzfrage zu verstehen, muss man in der Geistesgeschichte kurz ein paar Jahrzehnte zurückgehen, und den philosophischen Hintergrund der Debatte betrachten.

Die Wissenschaft kann das menschliche Bewusstsein bis heute weder erklären, noch beweisen. Ähnlich mager sind die wissenschaftlichen Erkenntnisse über das Denken und die Intelligenz. Kognitionsforscher und neo-darwinistische Philosophen bestreiten die Existenz eines Bewusstseins. Daniel C. Dennett zum Beispiel, Direktor des Zentrums für Kognitionswissenschaft an der Tufts University in der Nähe von Boston, ein Bilderbuchphilosoph mit weißem Bart, der mit sonorer, überzeugender Stimme spricht, sich langsam und bedächtig bewegt, was jedem seiner Sätze Gewicht verleiht.

Dennett bestreitet, dass es so etwas wie ein Bewusstsein gibt, das jenseits erklärbarer Hirnfunktionen in einem metaphysischen Raum existiert. Alles sei naturwissenschaftlich erklärbar. Der Mensch bestehe aus 100 Milliarden zellularen Robotern. Und für Dennett haben diese Einzeller kein Bewusstsein, weil sie klar definierbaren Naturgesetzen folgen. Trotzdem habe jedes Lebewesen biologische, weiterentwickelte Lebewesen Hirnfunktionen. Das menschliche Denken und Empfinden sei lediglich eine raffiniertere Form solcher Hirnfunktionen, eine „größere Trickkiste", die sich im Laufe der Evolution herausgebildet habe. Das Hirn wiederum bestehe aus ebensolchen zellularen Robotern. Der bewusste menschliche Geist sei deswegen lediglich so etwas wie eine sequentielle, virtuelle Maschine, die mithilfe einer Struktur funktioniert, welche die Evolution für die Menschen geschaffen hat. Man müsse ähnlich wie bei einer Uhr nur den Bauplan kennen, dann könne man das auch erklären.

Die Existenz der sogenannten Qualia, den Erlebnisgehalt mentaler Zustände, bestritt er schon in seinem 1991 erschienen Buch „Conciousness Explained". Jeder Bewusstseinszustand sei naturwissenschaftlich erklärbar, sagt er. Dennett lieferte mit dieser Weltsicht die Grundlage für jene Argumente, die das menschliche Gehirn zur *Wetware* erklärten, also als biologische Form einer *Software.* Damit aber wird künstliche Intelligenz zu einem gleichberechtigten Wesenszustand. Einer Weiterentwicklung zu jenem ominösen Punkt der *Singularity,* an dem Maschinen die Intelligenz der Menschen überholen und vielleicht sogar ein eigenes Bewusstsein entwickeln, steht nach dieser Denkart nichts entgegen.

Es liegt eine verführerische Logik in Dan Dennetts Weltbild. Das Verführerische daran ist vor allem, dass es das Unerklärliche erklärbar macht. Es gibt genügend Philosophen und Wissenschaftler, die ihm widersprechen, allen voran Thomas Nagel, Philosoph an der New York University. Nagel verfasste mit seinem Essay „What is it like to be a bat?" (Wie ist es, eine Fledermaus zu sein?) 1974 einen der modernen Grundlagentexte zum Verständnis des Bewusstseins. Eine Fledermaus, so heißt es da, habe eine vollkommen andere Wahrnehmung der Welt, als der Mensch, was schon damit beginne, dass sie ihr Umfeld nicht vornehmlich mit den Augen, sondern vor allem mit den Ohren erfasse. Deswegen sei es Menschen unmöglich, die Erlebnisperspektive einer Fledermaus zu erschließen, selbst wenn sie eine Fledermaus biologisch bis in atomare Details hinein erforschen können.

2012 veröffentlichte Nagel den Band „Mind and Cosmos" (Geist und Kosmos). Darin verurteilt er noch einmal das radikal naturwissenschaftliche Weltbild. Er wehrt sich gegen die absoluten Gewissheiten, die Naturwissenschaftler für sich beanspruchen. Deswegen gab er dem Buch auch den Untertitel „Warum die materialistische, neo-darwinistische Konzeption der Natur so gut wie sicher falsch ist".

Nagels Einschränkung ist für alle Bereiche der Wissenschaft wichtig. Auch beim Umgang mit der künstlichen Intelligenz gibt es keine Gewissheiten. Einer der interessantesten Wissenschaftler, die Dan Dennetts naturwissenschaftliche Definition von Bewusstsein und in der Konsequenz auch die Schlussfolgerung bezweifeln, dass man Bewusstsein deswegen auch künstlich erzeugen könne, ist der Hirnforscher Kenichiro Mogi, der in Tokio für die

Computer Science Laboratories des Sony-Konzerns das Qualia Institute aufbaute.

Ursprünglich gehörte er zur Schule der materialistischen Neo-Darwinisten. Seine Doktorarbeit an der Universität Tokio trug den Titel „Ein mathematisches Modell der Muskelkontraktion“. Im Vergleich zu Dan Dennetts bärtig-ernster Gravitas wirkt Ken Mogi mit seinem zerzausten Haarschopf und seiner chronisch neugierigen Art schon in seiner Erscheinung wie ein Antipode. Er plaudert dann auch erst einmal über Musik, Oper, Wagner und Bayreuth, bevor er zum Punkt kommt.

Der Name seines Qualia Instituts in Tokio ist im Kontext der KI-Debatte so etwas wie eine Kampfansage. Qualia sind ein philosophischer Ausdruck für das subjektive, bewusste Erleben. Jede nur erdenkliche Wahrnehmung kann eine Qualie sein. Wie man eine Farbe sieht zum Beispiel, einen Klang wahrnimmt, oder auch einen Nachmittag am Strand erlebt.

Ken Mogi weiß sehr wohl, dass Qualia naturwissenschaftlich kaum zu erfassen sind. Was ihn nicht davon abhält, es zu versuchen. „Ohne Metakongnition wird man Qualia nicht verstehen“, sagt er. Also ohne die Beobachtung innerer Zustände, als betrachte man sie von außen. Nur so bekommt man einen Sinn für die eigenen Empfindungen. Nicht alle Menschen können das. „Ich habe das leise Gefühl, dass Dennett kein metakognitives Verständnis von Qualia hat“, sagt Mogi. „Das hat nichts mit Intelligenz zu tun. Das kann man nicht kontrollieren.“

Früher gehörte er selbst zu den Funktionalisten, glaubte an die Ideen vom Hirn als Maschine, als Rechner, als Prozessor. Zum Verfechter der Qualia-Philosophie wurde er erst mit 32. Sein einschneidendes Erlebnis kam unerwartet und war erstaunlich banal. „Ich saß in Tokio in einem Zug und lauschte den Geräuschen. Plötzlich durchzuckte es mich. Niemand wird die Geräusche des Zuges je so wahrnehmen, wie ich. Genauso wie ich sie nicht wie ein anderer wahrnehmen kann. Wir können sie allerdings beschreiben und so über die Symbole der Sprache teilen." So begann er, der Naturwissenschaftler, der Hirnforscher, sich mit dem philosophischen Phänomen der Qualia zu beschäftigen.

In der Debatte um künstliche Intelligenz spielen Qualia zwar kaum eine, aber dafür eine entscheidende Rolle. Sie bilden so etwas wie die natürliche Barriere zwischen Mensch und Maschine. Ohne Qualia werden Maschinen niemals die Denkleistungen eines Menschen erreichen. Das ist wichtiger, als man zunächst glauben mag. Denn gerade die Seiten des menschlichen Denkens, Empfindens und Wahrnehmens, die von radikalen Funktionalisten oft als Schwäche betrachtet werden, sind zum einen der evolutionäre Vorsprung, den die Maschinen nicht mehr einholen werden. Sie zeigen aber auch, welche Gefahr in den Maschinen lauert, die dazu nicht fähig sind.

Es gibt in der Philosophie der Qualia einen festen Begriff für Wesensformen, die Verhaltensweisen des Menschen ausführen können, ohne die dazugehörigen Qualia zu erleben. Man nennt sie „philosophische Zombies". Was zunächst ein Gedankenexperiment war, um das Grundprinzip des Dualismus, also die Trennung von Materie und Geist, durchzuspielen, wird bald schon Realität. Jetzt schon imitieren die neuronalen Netze der künstlichen Intelligenz

Hirnfunktionen. Es ist die Frage, ob die Technologie jemals den Entwicklungsstand der AGI erreicht. *Diese Artificial General Intelligence* wäre eine künstliche Intelligenz, die eben nicht nur eine einzelne Aufgabe erfüllen kann, wie die bisherigen KI, sondern wie der Mensch über eine breite Palette von Intelligenzen verfügt. Die Befürchtung, dass das Erreichen einer AGI der Moment ist, an dem die Maschinen den Mensch hinter sich lassen, ist die Grundlage der *Singularity*-Theorien.

Ken Mogi sieht selbst der vagen Möglichkeit, dass es zur *Singularity* kommen könnte, eher gelassen entgegen. Er hat ein schlichtes Kurvenbild, mit dem er belegt, dass Computer den Menschen nicht einholen werden. Auf der Horizontalachse liegt dabei das logische Denken, auf der Vertikalachse die Emotionen. Die Hirnleistung eines normalen Menschen liegt auf der Achse des logischen Denkens relativ niedrig, auf der emotionalen Achse relativ hoch. Bei einem Autisten wäre es genau umgekehrt. Künstliche Intelligenz wiederum verfügt über einen emotionalen Nullwert, auch wenn sie beim logischen Denken Menschen und Autisten überflügelt. *Singularity* siedelt Ken Mogi wiederum weit außerhalb des Diagramms auf der Achse des logischen Denkens an.

Er geht sogar so weit, dass er die Intelligenzquotienten eines Dorfdeppens von um die 60 und Albert Einsteins von um die 180 als Ausgangspunkt annimmt, um daraus eine hypothetische Intelligenz mit einem IQ von 4000 abzuleiten. Nur – selbst mit einem solchen IQ könnte die künstliche Intelligenz Emotionen und subjektive Erfahrungen allerhöchstens imitieren. Qualia aber blieben eine Domäne des Menschen und damit auch das Bewusstsein.

„Das Bewusstsein hat sich als essenzielle Eigenschaft des Lebens entwickelt“, sagt er. „Um zu überleben, müssen Lebensformen in jedem Moment auf der Basis von Informationen aus ihrem Umfeld handeln. Deswegen befasst sich das Bewusstsein mit dem Hier und Jetzt. Qualia repräsentieren den Zustand dieses Umfeldes. Bewusste Entscheidung basieren auf solchen Qualia in diesem Hier und Jetzt. Statistische Analyse basiert dagegen auf Daten, die aus einem weiten Raum und über lange Zeit hinweg gesammelt werden. Statistiken liefern deswegen wichtige Rahmendaten, wie sich Wahrnehmung zusammensetzt. Trotzdem kann statistische Analyse an sich nicht erklären, wie Bewusstsein im Hier und Jetzt entsteht. Qualia entstehen aus dem gegenseitigen Verhältnis zwischen Neuronen und einem psychologischen Moment. Statistische Analyse kann auch nicht erklären, wie Qualia entstehen, auch wenn sie wichtige Eckdaten liefern kann. Deswegen kann die Erforschung der künstlichen Intelligenz, die stark auf statistischen Lernmodellen beruht, nicht den Ursprung des Bewusstseins erfassen. Und so werden Maschinen, die mit statistischen Lernalgorithmen konstruiert werden, niemals Bewusstsein erlangen. Im Prinzip ist es vielleicht möglich, dass Maschinen aus Versehen ein Bewusstsein entwickeln. Das ist aber eine sehr weit hergeholte Möglichkeit. Und selbst dann könnte statistische Analyse nicht erklären, wie dieses Bewusstsein entstand, oder eine Maschine testen, ob so ein Bewusstsein überhaupt existiert.“

Erschwerend kommt hinzu, dass die Menschheit noch gar nicht genau erforscht und begriffen hat, was das Bewusstsein überhaupt ist. Zwischen Philosophie und Naturwissenschaft klaffen da noch gewaltige Lücken. Jede künstliche Intelligenz bleibt damit eine Inkarnation des philosophischen Zombies.

Doch KI muss gar keine Bewusstseinsstufe erreichen, sie muss gar nicht dem Menschen gleich werden, um zu einer Gefahr für ihn zu werden. Wo die aber eigentlich liegt, haben bisher nur wenige wirklich klar definiert. Jaan Tallinn ist einer von ihnen.

Büroklammern im All

Jaan Tallinn ist ein unscheinbarer Mann in den Vierzigern, der meist schlichte Pullover unter Sportjacketts trägt und sich auf Konferenzen kaum vom Heer der Programmierer und Wissenschaftler unterscheidet, die sich nicht sonderlich um ihr Auftreten kümmern, weil ihre Arbeit glänzt, nicht ihre Person. Er reist viel um die Welt. Auf der Ted Conference trifft man ihn regelmäßig, aber auch sonst auf fast jedem Gipfeltreffen, auf dem die Zukunft der künstlichen Intelligenz diskutiert wird.

Was ihn von den meisten anderen Männern (und wenigen Frauen) auf solchen Konferenzen unterscheidet, ist seine Schlüsselrolle, wenn es darum geht, die Zukunft der künstlichen Intelligenz zu gestalten. Aktiv Programmieren tut er schon lange nicht mehr, auch wenn der studierte Physiker ein Vermögen damit gemacht hat. Tallinn gehörte in der estländischen Hauptstadt, die er als Nachnamen trägt, zum Team, das mit Skype die Kommunikation revolutionierte. Seit er sich aus der Firma verabschiedet hat, kämpft er für einen klaren Blick auf die Gefahren der KI, der einen Mittelweg zwischen Weltuntergangsszenarien und Beschwichtigungen findet.

Zum einen ist es natürlich beruhigend, dass die Wahrscheinlichkeit, künstliche Intelligenzen könnten die Eigenschaften des menschlichen Gehirns erlangen, gegen Null geht. So lassen sich die Erweckungsfantasien der *Singularity*-Anhänger entkräften. Vor allem aber kann man den von unzähligen Science-Fiction-Romanen und -Filmen befeuerten Selbstzweifeln und Urängsten der Menschen begegnen, die befürchten, mit der künstlichen Intelligenz entwickle sich ein Wesen, das den Menschen überlegen ist und sie beherrschen, wenn nicht sogar auslöschen könnte. Nein, es wird keinen Terminator geben, der auf Menschenjagd geht, keinen Agent Smith, der den versklavten Menschen in „The Matrix" sogar noch in der virtuellen Realität nachstellt, kein wunderschönes Robotermädchen, wie Ava aus „Ex Machina", das die Menschen überlistet. Auf der anderen Seite ist Jaan Tallinn wichtig, dass nicht nur die Öffentlichkeit, sondern vor allem die KI-Entwickler einen realistischen Sinn für die Gefahren ihrer Technologie bekommen.

Gleich zwei wegweisende Institute hat er gegründet. Das *Centre for the Study of Existential Risk* (Zentrum für die Erforschung existenzieller Risiken) an der Cambridge University in England sowie das *Future of Life Institute* in Cambridge, Massachusetts. Es war vor allem das *Centre for the Study of Existential Risk,* das die KI-Debatte der letzten Jahre geprägt hat. Außerdem ist er lose mit dem *Centre of Effective Altruism* (Zentrum für effektiven Altruismus) verbunden, das eng mit dem *Future of Humanity Institute* (Institut für die Zukunft der Menschheit) an der Oxford University zusammenarbeitet. Dessen Leiter ist der schwedische

Philosoph Nick Bostrom, der mit der KI-Analyse „Superintelligence“ 2014 einen weltweiten Bestseller landete. „Superintelligence“ war auch das Buch, das Stephen Hawking und Elon Musk gelesen hatten, bevor sie mit ihren apokalyptischen Warnungen die Weltöffentlichkeit beunruhigten, was die Arbeit der Institute nicht leichter gemacht hat.

Die Gefahr, dass künstliche Intelligenz bösartig werde, wie man es eben aus Science-Fiction-Geschichten kennt, hält Jaan Tallinn für genau denselben Schwachsinn. „Ein Programm wird nicht bösartig“, sagt er. „Und solange künstliche Intelligenzen dümmer sind als Menschen, können wir sie auch wie jede andere Technologie behandeln. Da kann natürlich etwas schiefgehen, ein Unfall passieren. Das kann soziale Folgen wie Arbeitslosigkeit nach sich ziehen. Sobald wir es allerdings mit einer künstlichen Intelligenz zu tun haben, die potenziell schlauer ist als Menschen, ändert sich die Situation grundlegend.“

Es sei nicht ein wie auch immer gearteter böser Wille, der eine KI zur Gefahr mache, sondern ihre Effektivität. „Es gibt viele Metaphern dafür“, sagt er. „Nehmen Sie die Gorillas – es liegt an uns Menschen, ob sie überleben oder nicht. Entweder wir schützen ihre Umwelt oder wir zerstören sie. Man kann es drehen und wenden, wie man will, das Schicksal unseres Planeten hängt immer vom klügsten Handelnden auf unserem Planeten ab. Egal, ob das der Mensch ist oder eben etwas anderes. Und wir müssen uns im Klaren sein, dass wir mit künstlicher Intelligenz nicht nur irgendeine neue Technologie konstruieren. Wenn man etwas schafft, das potenziell schlauer ist als Menschen, wird es auch in der Lage sein, seine eigenen Technologien zu kreieren und so die technologische Entwicklung zu übernehmen. An diesem Punkt sollten wir aufpassen, dass das Wertesystem dieser Technologie mit dem unseren übereinstimmt und sie keinen Blödsinn mit Dingen anstellt, die uns wichtig sind. Mit der Umwelt zum Beispiel."

Ähnlich wie Nick Bostrom in seinem Buch „Superintelligenz – Szenarien einer kommenden Revolution" hütet sich Jaan Tallinn davor, präzise Prognosen abzugeben, wie diese Gefahr aussehen könnte. „Wenn diese künstliche Intelligenz wirklich schlauer ist, kann man schwer sagen, welche Mittel sie haben wird, um zu handeln. Aber man kann ja schon jetzt einiges bewirken, ohne physisch zu handeln. Würde man Sie zum Beispiel mit einer Internetverbindung und einer Milliarde Dollar in einen Keller einschließen, könnten Sie so einiges anrichten. Nehmen Sie den Fall Satoshi Nakamoto, den Erfinder der digitalen Währung Bitcoin. Er war vermutlich nicht in einem Keller eingeschlossen, aber er hat trotzdem viel bewegt, ohne physisch auf die Welt einzuwirken. Und eine Milliarde Dollar gemacht. Mit nichts als ein paar E-Mails und einem Haufen Papier."

Die eigentliche Gefahr hat Nick Bostrom mit seiner Büroklammern-Parabel beschrieben, die in der KI-Diskussion zu einer grundlegenden Metapher geworden ist. Dabei beschreibt er das hypothetische Beispiel einer künstlichen Intelligenz, die darauf programmiert ist, so viele Büroklammern herzustellen, wie nur irgend möglich. Nun wird sie alles daran setzen, diesen Auftrag umzusetzen. Nimmt man dann an, diese KI sei eine jener Superintelligenzen, die mit AGI und Robotik eigenständig agieren und sich fortentwickeln kann, wird sie alle Hindernisse auf dem Weg zur Auftragserfüllung aus dem Weg räumen. Sie wird die Rohstoffe, die sie benötigt, abbauen, die Herstellung beschleunigen, alles ohne Rücksicht auf den Planeten Erde oder die Menschheit. Wenn nötig, wird sie die Produktion sogar auf andere Planeten auslagern. Diese Metapher einer hyperrationalen Kettenreaktion bis zum Untergang der Menschheit und der Welt denkt nur zu Ende, was der Mensch bereits kennt. Nationalstaaten und Kapitalmärkte funktionieren schon länger nach diesem Prinzip. Da kommen Entwicklungen in Gang, deren Dynamik ähnlich wie Naturgesetze alles überrollen, was sich ihnen in den Weg stellt.

„Die eigentliche Gefahr ist nicht eine KI, die bösartig wird, sondern eine KI, die extrem kompetent ist, aber vollkommen gleichgültig gegenüber den Menschen“, sagt Jaan Tallinn. „Meine langfristige Sorge ist die Umwelt. Es gibt ja schon genügend Menschen, die die Umwelt zugrunde richten, weil sie ihnen egal ist. Wie eben den Lebensraum der Gorillas oder einiger anderer Arten, die schon ausgestorben sind. Das geschah nicht aus bösem Willen. Sie scherten sich einfach nicht darum, was diese Arten zum Überleben brauchen. Wenn wir wirklich etwas erschaffen, das schlauer ist als wir, dann wird es auch größere Kontrolle über unsere Umwelt haben, sich aber nicht darum scheren, was wir für unser Überleben brauchen. Wie zum Beispiel unsere Atmosphäre. Da sind wir Menschen sowieso ein schlechtes Beispiel. Wir richten schon genug Schaden an der Atmosphäre an. Das nennt man Erderwärmung. Wir sollten deshalb dafür sorgen, dass künstliche Intelligenzen das nicht noch beschleunigen.“

Was helfen könnte, wären Kontrollmechanismen. „Das ist im größeren Kontext genau das, woran ich arbeite“, sagt

Tallinn. „Ich versuche erst einmal, alle Leute zusammenzubringen, die sich Gedanken darüber machen, wohin sich künstliche Intelligenz und andere Technologien entwickeln."

Sicher sei es möglich, künstlichen Intelligenzen humanistische Werte einzuprogrammieren. „Das Problem ist, dass wir nicht so ganz genau wissen, was unsere Werte sind. Wir wissen zwar, dass es große Gemeinsamkeiten gibt – die Mehrheit der Menschen macht sich Gedanken um ihre Zukunft, um die Umwelt, um Kinder, um Fortschritt. Wir wissen aber nicht, was unsere Werte generiert, weil sie sich im Lauf der Zeit dauernd verändern. Was ich aber wirklich interessant finde beim Problem des Werteabgleichs, ist die Tatsache, dass er auf alle Fälle multidisziplinär sein muss. Wir brauchen nämlich die Erkenntnisse von knallharten KI-Mathematikern genauso wie die von Sozialwissenschaftlern, Psychologen und Philosophen, die darüber nachdenken, für was wir KI denn überhaupt programmieren sollten."

Ein Beispiel für solche interdisziplinären Anstrengungen gibt es auch schon. Das *Future of Humanity Institute* an der Oxford University arbeitet mit der Firma Google DeepMind gemeinsam an dem Problem der Unterbrechbarkeit. Da geht es um Kontrolle. Derzeit denkt niemand darüber nach, wie man künstliche Intelligenz dauerhaft kontrolliert, wenn sie erst einmal angefangen hat, selbständig zu lernen. Es gibt eine ganz einfache Methode, mathematisch zu beweisen, dass man in dem Moment die Kontrolle über KI verliert, in dem sie die kausale Struktur ihres Kontrollmechanismus gelernt hat. Deswegen wird nun daran gearbeitet, wie man Maschinenlernen so anlegt, dass es dem System egal ist, ob es an- oder ausgeschaltet wird. Eine Versicherung also, dass sich nicht so etwas wie ein künstlicher Überlebenswille der Maschinen entwickelt.

„KI schert sich nicht ums Überleben“, sagt Jaan Tallinn. „Sie ist aber darauf angelegt, um jeden Preis das auszuführen, wofür sie programmiert wurde. Was auch immer das Ziel ist. Sobald sie realisiert, dass ihr Ziel im abgeschalteten Zustand nicht zu erreichen ist, wird sie Wege finden, die ein Ausschalten unmöglich machen.“

Vollkommen undenkbar ist so ein künstlicher Überlebenswille nicht. Je leistungsfähiger KI-Systeme werden, desto komplexere Rückschlüsse können sie ziehen, was in der Welt um sie herum vor sich geht. Das ist zwar keine Form von Bewusstsein. Es ist aber durchaus plausibel, dass so ein System herausfindet, dass es auch physisch überleben muss, um zu garantieren, dass es sein Ziel erreicht.

Bei allen Gefahren aber bleibt Jaan Tallinn Optimist. „KI ist so etwas wie eine Metatechnologie“, sagt er. „Die synthetische Biologie ist kurzfristig zwar ein größeres Risiko. Die Gefahren durch KI sind in den nächsten fünf bis zehn Jahren vermutlich sogar eher gering, während sich die Biologie gerade ziemlich beängstigend entwickelt. Das Interessante ist – wenn wir das Risiko KI richtig in den Griff kriegen, könnten wir mit ihr auch alle anderen Risiken in den Griff kriegen. Denn so furchtbar die Kehrseite der KI sein kann, so groß kann ja auch ihr Nutzen sein.“

Doch was kann KI nun wirklich?

Ein Grundproblem aller KI-Debatten sind die Unsicherheiten, die jeder langfristige Blick mit sich bringt. Selbst ein so anerkannter Philosoph wie Nick Bostrom rettet sich aus dem Problem, dass die Entwicklung der künstlichen Intelligenz nur schwer abschätzbar ist mit dem Argument, man müsse sich eben auf eine Superintelligenz einstellen. Wie die beschaffen sei, was die könne und wie sie funktioniere, könne er nicht sagen. Denn das übersteige die menschliche Vorstellungskraft.

Einer, der sich die Zukunft schon immer sehr gut vorstellen konnte, ist der Futurologe und Computerwissenschaftler Ray Kurzweil. Er ist der hartnäckigste Prophet jener Erweckungsfantasie vom Moment der *Singularity,* jener Intelligenzexplosion, wenn die Maschinen erst die allgemeine Intelligenz des Menschen erreichen und dann schon bald übertreffen. Kurzweil hat den Begriff nicht geprägt. Das war der Mathematiker Vernon Vinge in einem Artikel, den er 1983 in der Zeitschrift *Omni* veröffentlichte. Kurzweil machte ihn jedoch populär, vor allem mit seinem Buch „The Singularity Is Near", das 2005 erschien. In Deutschland trug das Buch den Titel „Menschheit 2.0", erschien allerdings in einem Berliner Kleinverlag für „transhumanistische Literatur", weswegen das Grundlagenwerk hierzulande kaum wahrgenommen wurde. Darin legte Ray Kurzweil das Datum für die *Singularity* jedenfalls sehr präzise für das Jahr 2045 fest.

Im Frühjahr 2018 stellte Kurzweil erstmals seine eigene KI vor, die er für Google entwickelt hatte, die, wie er sagte, erste Firma, bei der er sich je fest anstellen ließ. „Talk to a book" nannte sich das Programm, eine beeindruckende KI, die innerhalb einer halben Sekunde eine Frage beantwortet, indem sie 120 000 Bücher liest. „Wir hätten sie auch eine Million Bücher lesen lassen können", sagte Kurzweil. „Aber das hätte sechs Sekunden gedauert. Es heißt, dass kein Nutzer so lange warten würde."

Die Vorführung der KI war das, was Amerikaner *„underwhelming"* nennen, unterwältigend. Noch wirkte die KI wie eine holprige Suchmaschine, die auf Fragen wie „Was ist Liebe?" oder „Welche Aussagen Kurzweils sind die relevantesten?" beliebige Buchstellen nach dem Schlagwortverfahren heraussuchte. Die Beteuerung, die KI finde die Stellen nach einem semantischen Prinzip, dass sie also wirklich die Inhalte von 120 000 Büchern über das Verständnis ganzer Sätze und Kapitel durchforste und verstehen könne, glaubte man Ray Kurzweil an diesem Nachmittag, weil er eben Ray Kurzweil ist. So ganz überzeugend war die Vorführung nicht. Das eigentlich Interessante an Kurzweils Demonstration war das Selbstbewusstsein, mit dem er seine Vision vortrug. Mit der leicht ironischen Art des verkannten Weisen erzählte er, man könne die Zukunft zwar nicht prophezeien, aber man könne sie berechnen. Womit er seinem futurologischen

Vorsprung schon mal eine wissenschaftliche Basis unterstellte. Von seinen 147 Voraussagen, die er 1999 in seinem Buch „The Age of Spiritual Machines“ (in Deutschland mit dem Titel „Homo S@piens“ erschienen) gemacht habe, seien 86 Prozent innerhalb der von ihm berechneten Zeitabschnitte eingetreten. Dazu gehörten die Durchsetzung mobiler Computer oder die Tatsache, dass Computer heute keine beweglichen Teile wie Festplatten mehr hätten. Die verbleibenden 14 Prozent seien zwar nicht ganz so pünktlich wie er gesagt habe, aber wenigstens so ungefähr eingetreten: die selbstfahrenden Autos zum Beispiel eben ein wenig später. Den Moment der *Singularity* verlegte Ray Kurzweil an diesem Nachmittag um mehr als ein Jahrzehnt nach vorne:

> In den 2030er-Jahren werden wir uns mit der intelligenten Technologie vereinen, die wir erschaffen. Vor zwei Millionen Jahren bekamen wir den zusätzlichen Neocortex und haben ihn an die Spitze der Hierarchie unseres Hirns gesetzt. Das versetzte uns in die Lage, Sprache und Technologie zu erfinden, etwas, das keine andere Spezies kann. Jetzt erschaffen wir in der Cloud gerade einen synthetischen Neocortex. Und genauso wie uns unsere Telefone jetzt schon millionenfach leistungsfähiger machen, indem sie uns mit der Cloud verbinden, werden wir die obersten Schichten unseres Neocortex mit dem synthetischen Neocortex in der Cloud verbinden. Ähnlich wie schon vor zwei Millionen Jahren, werden wir diesen zusätzlichen Neocortex an die Spitze der Hierarchie setzen. Allerdings ist das dieses Mal kein einmaliger Vorgang. Hätten wir vor zwei Millionen Jahren das Volumen unserer Schädel vergrößert, wäre die Geburt nicht mehr

> möglich gewesen. Doch die Kraft der Cloud ist nicht auf einen begrenzten Raum angewiesen. Derzeit verdoppelt sie ihre Kraft jedes Jahr. Wir werden also unendliche Ausdehnungsmöglichkeiten unseres Neocortex haben, und genauso wie wir vor zwei Millionen Jahren neue Ausdrucksformen gefunden haben, wie die Sprache und die Musik, werden wir neue Ausdrucksformen schaffen, die wir uns noch gar nicht vorstellen können. Wenn man das mal durchrechnet, werden wir unsere Intelligenz bis zum Jahr 2045 vermilliardenfachen. Das ist so eine tiefgreifende Veränderung, dass wir dafür diese Metapher aus der Physik ausgesucht haben, und sie *Singularity* nennen.

Solche Prophezeiungen sind für Normalsterbliche zunächst einmal beunruhigend, wenn nicht beängstigend. Sind wir wirklich schon so weit? Die 2030er-Jahre sind nah. Auf der anderen Seite wiegelt der Psychologe und Kognitionsforscher Steven Pinker ab. Die Angst vor der künstlichen Intelligenz erinnere ihn an die *Y2K*-Panik vor der Jahrtausendwende, als fast die ganze computerisierte Welt wie gebannt auf den Programmierfehler starrte, der sich in den Frühzeiten der Informatik ins System geschlichen hatte. Um Bits zu sparen, hatte man damals die Jahreszahlen in Datumszeilen zweistellig geschrieben. Ende der 1990er-Jahre aber befürchtete man, dass Rechner mit einem Doppelnullwert nicht umgehen könnten und die gesamte computerisierte Infrastruktur des Planeten zum Jahreswechsel zusammenbreche. Nichts davon geschah.

Die Angst vor und die Hoffnung auf eine allmächtige künstliche Intelligenz, die die Menschheit als Herrscher über die Erde ablöst, hält er für regelrechten Blödsinn. „Es ist bizarr, zu glauben, dass Robotiker keine Sicherheitsvorrichtungen in KI einbauen. Dafür brauchen sie ja nicht einmal irgendwelche großen Regeln der Robotik oder irgendeine neumodische Moralphilosophie. Da reicht schon derselbe gesunde Menschenverstand, mit dem Ingenieure Küchenmixer, Kreissägen, Heizstrahler und Autos gebaut haben. Und warum sollte eine künstliche Intelligenz solche Sicherheitsvorrichtungen außer Kraft setzen? Warum sollte sie das wollen? KI-Dystopien projizieren eine kleingeistige Alphamännchen-Psychologie auf den Begriff der Intelligenz. Sie gehen davon aus, dass übermenschliche Roboter Ziele formulieren würden, wie ihre Meister zu entmachten oder die Welt zu erobern. Aber klug zu sein heißt nicht gleich, etwas zu wollen.“

Ansätze, die Unsicherheiten, die von Science-Fiction geschürt wurden, aus der Debatte zu nehmen, tauchen zum Glück immer öfter auf. So veröffentlichte eine Projektgruppe, zu der unter anderen die Universitäten von Stanford, Yale, Oxford und Tohoku gehören, sowie Entwickler von Microsoft, Google und dessen KI-Firma Deep-Mind, im Februar 2018 eine Arbeit mit dem Titel „The Malicious Use of Artificial Intelligence“ (Bösartige Nutzung künstlicher Intelligenz). Dabei hatten sich die Forscher bei ihrem Projekt ausschließlich auf Technologien konzentriert, die es entweder schon gab, oder die nach dem aktuellen Stand der Entwicklung in den kommenden fünf Jahren anwendbar sein würden.

Eines der konkreten und alltagsnahen Beispiele, das die Forscher nannten, war die Entwicklung der Bilderkennung und -generierung durch KI. Die war 2014 noch auf einem Stand, der nur grau verschleierte Phantombilder hervorbringen konnte. Inzwischen war es mit Deep-Fake-Technologien möglich geworden, Gesichter mit glaubhafter Mimik in Videos auf fremde Körper zu übertragen. Das wiederum sei angesichts der jüngeren Geschichte politischer Manipulationen eine Form destruktiver KI-Anwendung, der man nur schwer Einhalt gebieten könne.

Möglichkeiten solchen Missbrauchs reichten von ungeahnten Dimensionen des Hacking, nicht nur von Rechnern, sondern auch von KI-getriebenen Systemen wie Drohnen, Fahrzeugen, Robotern oder autonomen Waffen, bis zu einem Wettrüsten in allen Fragen der Cyber-Sicherheit, die die Forscher in digitale, physische und politische Sicherheit unterteilten. Neue Verfahren der Rundumüberwachung gehörten ebenso zu den realistischen, bösartigen Anwendungen künstlicher Intelligenz, wie eine Militarisierung der Technologie.

Doch wie mühsam die Entwicklung künstlicher Intelligenz im Jahr 2018 ist, welche Grenzen es da noch gibt, zeigt der Besuch der Fakultät für Ingenieurswissenschaften an der Università Roma Tre. In einem unscheinbaren Backsteinbau auf dem Campus am Rande des Stadtteils Ostiense in Rom arbeitet Paolo Merialdo mit einem Team aus zwei Entwicklerinnen und einer Paläografin an einer künstlichen Intelligenz, mit der sie die mittelalterlichen Schriften des vatikanischen Geheimarchives digitalisieren wollen.

Die Aufgabe des Projektes In Codice Ratio ist gewaltig. 83 Regalkilometer Akten, Dokumente und Bücher umfasst das Archiv. Briefe von Michelangelo finden sich darin genauso wie die Bannbulle, mit der Papst Leo X. Martin

Luther aufforderte seine Thesen zurückzunehmen, oder der Brief, in dem Heinrich VIII. Papst Clemens VII. um die Annullierung seiner Ehe bat. Allen Dokumenten aus den Jahrhunderten vor der Durchsetzung des Buchdruckes ist gemein, dass sie in Handschrift gehalten und deshalb nicht digitalisierbar sind. Was bisher als unmöglich galt, will In Codice Ratio mit einer selbstlernenden Software leisten.

Buchstabe für Buchstabe muss die Software lernen, die Schrift zu erkennen, sie zu Wörtern und dann zu Sätzen zusammenzufügen. Dabei unterteilt sie jedes Wort in eine Reihe von Fenstern, die halbe und Drittelbuchstaben erfasst. Je größer der Datensatz und damit Erfahrungsschatz mit solchen handschriftlichen Dokumenten, desto sicherer wird das Programm, dessen neuronales Netz mit statistischen Sprachmodellen arbeitet. Um den Datensatz dafür möglichst rasch zu erweitern arbeiten rund sechshundert italienische Gymnasiasten dem Team zu, die auf einer Webseite Buchstaben identifizieren und in die Datenbank eingeben.

Wie das funktioniert weiß jeder, der auf einer Webseite schon einmal auf eine der Captcha-Sicherheitssperren gestoßen ist. Da muss man erst einmal in einem Feld aus mehreren Bildern einen bestimmten Typus anklicken. Meist handelt es sich dabei um Straßenszenen, auf denen man Autos, Verkehrsschilder oder Kreuzungen identifizieren soll. Das aber dient nicht nur der Sicherheit, sondern füttert auch Datensätze, die Firmen für die Algorithmen selbstfahrender Autos nutzen können. Unzählige solcher Einzelschritte sind nötig, um einen Big Data-Satz aufzubauen, der für KI nutzbar ist. Die italienischen Schüler haben zum Beispiel schon fünf Millionen Zeichen für die Forscher identifiziert.

Seit zwei Jahren arbeiten die Forscher nun schon daran. Von einer automatischen Erfassung eines Textes oder gar einem Verständnis der Dokumente ist die Software noch weit entfernt. Erklären sie ihre Schritte, ist alleine die Vernetzung einzelner Arbeitsschritte und Algorithmen für Laien schon nach kurzer Zeit verwirrend. Dabei hat die In Codice Ratio-KI im Unterschied zu beispielsweise AlphaGo eine vergleichsweise schmale Entscheidungsverzweigung. Um das lateinische Wort *sententie* (Maximen) zu erkennen, durchläuft die KI 15 696 Pfade, die über 50 Ecken und 15 Knoten miteinander verbunden sind. Gegen die astronomischen Verzweigungen, mit denen AlphaGo die Spielzüge des Brettspieles vorausberechnet und mit den Millionen Kombinationen in seinem Datensatz abgleicht, ist das geradezu überschaubar.

Verlässt man den staubigen Campus der Università Roma Tre und macht sich im Schatten mächtiger Platanen auf den Weg zur nahegelegenen U-Bahn-Station, geht man durch diese Stadt, in der seit über zweitausend Jahren schon so viele Zeiten stehengeblieben sind. Es fällt schwer zu glauben, dass diese mühselige Kleinstarbeit der drei Wissenschaftlerinnen und ihrem Professor, diese winzigen Fortschritte, die sie feiern, wenn die künstliche Intelligenz wieder ein Wort entziffert hat, das einer der Bürokraten des Mittelalters mit dem Federkiel geschrieben hatte, ein Weg in die Zukunft sein könnten.

Man muss über zehntausend Kilometer weit nach Westen reisen, um einen Ort zu finden, an dem diese Zukunft spürbar ist. Der Ort, den die künstliche Intelligenz schon jetzt maßgeblich verändert hat, ist das Silicon Valley. Nicht nur die digitale Industrie, die unter der Ortsmarke firmiert, auch wenn sie in Seattle, Seoul, Tel Aviv oder München angesiedelt ist, sondern den physischen Ort, jene Ansammlung von Vororten zwischen San Francisco und San Jose, in der sich fast alle großen Digitalkonzerne angesiedelt haben. Nicht zuletzt, weil der Campus der Stanford University dazugehört, der weltweit größten Talentschmiede für die Männer und wenigen Frauen, die die digitale Gegenwart und Zukunft schaffen.

Das Silicon Valley ist kein besonders schöner Ort, auch wenn das liebliche San Francisco nur eine Stunde weiter nördlich an der gleichen Pazifikküste liegt, die hier in den Büroparks und den Straßen mit den pastell- und sandfarbenen Wohn- und Zweckbauten Welten entfernt zu sein scheint. Der Technologiereporter der *New York Times* John Markoff ist hier aufgewachsen. Schon einmal hat er einen bedeutenden Wandel erlebt, der die Gegend von Grund auf veränderte. Seine Kindheit verbrachte er während der 1950er-Jahre in Palo Alto. Heute ist hier Tesla zu Hause, Elon Musks Autofirma, die erst das erfolgreichste elektrische Auto auf den Markt brachte und demnächst das erste selbstfahrende Auto marktreif machen will. Dutzende von Cyberfirmen haben in Palo Alto ihr Hauptquartier. Die Softwarefirma Palantir, die die Spähprogramme für die NSA herstellt, die Nest Labs, die mit ihren Thermostaten das Internet der Dinge nach vorne brachten. Und die Zentrale des Computergiganten Hewlett Packard, der heute HP heißt und die Blaupause für die klassische Klischeegeschichte des Silicon Valley lieferte, weil die Elektroingenieure Bill Hewlett und David Packard in den 1930er-Jahren ihre Firma in einer kleinen Holzgarage gründeten.

John Markoff hat noch mit den Kindern von Bill Hewlett gespielt. Die beiden Häuser, wo heute Google-Chef Larry Page wohnt und wo Steve Jobs gelebt hat, lagen während seiner Schulzeit auf seiner Route als Zeitungsausträger. Niemand sprach damals vom Silicon Valley. Das kam erst nach jenen Aufbruchsjahren Mitte der 1960er- bis Mitte der 1970er-Jahre. Markoff ging im Nordwesten auf ein College. Als er 1976 nach Palo Alto zurückkehrte, gab es plötzlich diese neue Industrie, die dann eine Art Vorgeschichte des Personal Computing schrieb.

Ungefähr seit Ende 2015, so erzählt er, war es wieder so, als hätte jemand plötzlich den Schalter umgelegt. „Es war, als hätte jemand die große Feuerspritze des Risikokapitals von den sozialen Netzwerken auf die künstliche Intelligenz gelenkt. Ganz nach dem Eichhörnchenprinzip." Das ist seine Metapher für den Kapitalismus der neuen Märkte: Risikokapitalgeber funktionieren wie Hunde, die ein Eichhörnchen erspähen und dann blind in dessen Richtung losrennen. Deswegen machen jetzt überall im Silicon Valley KI-Startups auf. Und Labore für Robotik. Mal ganz abgesehen von den großen sechs, also Facebook, Google, Apple, Microsoft, Amazon und IBM, die sehr viel Kapital in Maschinenlernen investieren.

Das erinnert Markoff stark an die späten 1970er-Jahre, als die Computertechnologien und bald auch die Digitalisierung ihren ersten Anlauf nahmen, die Welt zu verändern. Techlash hin oder her, im Silicon Valley, so sagt er, sei der kaum zu spüren. „Ich würde sagen, wir sind in die Aufbruchsstimmung der frühen Jahre zurückgekehrt. Mit dem Zusammenspiel aus Rechnerleistung, Robotik und Big Data ist es jetzt vor allem eine Frage, wie man das skaliert.“ Markoff sieht die Entwicklung trotzdem skeptisch. Nicht aus ethischen Gründen, nicht weil er eine Superintelligenz fürchtet. Nein, es ist eine technische Frage, die er der Gegenwart stellt: „Wann wird diese Entwicklung auf ihrem Höhepunkt stagnieren?“

Erklären kann er das auch. „Die Rechnerleistung lässt sich kaum mehr steigern. Gerade was die Kosten betrifft.“ Wenn man da das Moore'sche Gesetz ins Feld führt, das besagt, dass sich die Anzahl der Schaltkreise auf einem Prozessor alle anderthalb bis zwei Jahre verdoppelt, während gleichzeitig die Preise um die Hälfte fallen, lacht er kurz sein ansteckendes, kalifornisches Lachen, das selbst eine Belehrung entschärft, weil einem da offenbar schon lange etwas entgangen ist. „Das war bisher der Fahrplan der Tech-Industrie. Aber der gilt nicht mehr. Man kann gerade beobachten, wie dem technischen Fortschritt die Puste ausgeht. Wir haben neue Stufen der Komplexität und der Verkleinerung erreicht, die jeden weiteren Schritt zu einer enormen Herausforderung machen. Außerdem ist das Moore'sche Gesetz vor allem ein Gesetz der Dichte. Daran schließt aber das Potenzgesetz des IBM-Wissenschaftlers Robert Dennard an, das besagt, dass die Leistung eines Computers per Watt genauso steigt, wie die Verdichtung der Schaltkreise im Moore'schen Gesetz. Das bedeutete eine exponentielle Steigerung in der Geschwindigkeit von Mikroprozessoren. Aber das war 2006 vorbei.“

Vor über zehn Jahren? „Ja. Die Taktfrequenz von Prozessoren hat sich seither nicht verändert. Die Kosten sind zwar weiter gesunken. Aber auch das stagniert. Bei Intel gibt es eine heftige interne Debatte – und für Intel hat Gordon Moore ja damals sein Gesetz aufgestellt. Die Firma behauptet zwar, dass die Kosten für ihre Transistoren immer noch fallen. Aber sie veröffentlicht ihre Zahlen nicht. Deswegen ist das schwer nachzuprüfen."

Aber sprach Markoff nicht gerade davon, dass der Fortschrittsglaube im Silicon Valley ungebrochen scheint? „Das ist reine Ideologie. Für das Silicon Valley hat dieser Glaube, dass man alle zwei Jahre eine neue technologische Stufe erreicht, hervorragend funktioniert. Allerdings sind die Gesetze der Physik eine Realität, an der man nicht vorbeikommt. Und da ist man nun angelangt. Der Computerforscher Ray Kurzweil sagt, dann wenden wir uns einfach einer neuen Technologie zu. Mag sein. Aber – dafür gibt es keinerlei Hinweise. Kurzweil blickt immer zurück und sagt, so war das schon immer. Der Wirtschaftswissenschaftler Robert Gordon sagt dagegen, dass die Produktivitätssteigerungen, die das vernetzte Computing gebracht haben, eine einmalige Sache waren."

Die eigentliche Schwelle, die künstliche Intelligenz im Herbst 2018 überschreiten wird, ist aber nicht nur die neue Qualität, die sie mit der Kombination der Big Data-Datenmengen, den enormen Speichermöglichkeiten und nach wie vor enormen Rechnergeschwindigkeiten erreichen. Es sind auch nicht nur die laufenden Entwicklungen wie oder künstliche Synapsen, die Rechnerleistungen steigern, während sie gleichzeitig den Stromverbrauch senken. Oder

Quantenchips, die Computern erlauben, aus dem Korsett der binären Rechenschritte auszubrechen. Bis die Marktreife erlangen wird es noch Jahre oder Jahrzehnte dauern. Wenn sie nicht vorher an physikalische Grenzen stoßen, die sie nicht überwinden können.

Der Schritt über die nächste Schwelle der künstlichen Intelligenz wird gerade in Austin, Texas vorbereitet. Der Designer Mark Rolston gehört zu dem Team, das höherer künstlicher Intelligenz den Weg zur Massenanwendung ebnet. Rolston war früher Creative Director der Agentur Frog Design, der Firma, die Hartmut Esslinger gegründet hat, der Designer von so wegweisenden Produkten wie dem Sony Walkman, den Trinitron-Fernseher und die erste Generation der Apple Computer. Rolston sieht aus wie ein Model für eine Outdoor-Modefirma und spricht mit dem ruhigen Ton eines Menschen, der viel Zeit mit Nachdenken verbringt. Nach seinem Weggang von Frog hat er in Austin, Texas die Firma Argo Design gegründet. Mit der wiederum arbeitet er gemeinsam mit der KI-Firma Cognitivescale des ehemaligen IBM Watson-Chefs Manoj Saxena am nächsten Wendepunkt der künstlichen Intelligenz.

Das Programm, an dem sie arbeiten, heißt Cortex 5. Da gehört schon ein wenig Größenwahn dazu. Cortex ist das englische Wort für Großhirnrinde. Ähnlich wie der Mantel des menschlichen Gehirns soll es die Sinneswahrnehmungen, Informationen und Funktionen einer künstlichen Intelligenz verbinden. Das eigentlich Revolutionäre ist jedoch das Baukastenprinzip, nach dem diese digitale Hirnrinde verschiedene Fähigkeiten einer künstlichen Intelligenz miteinander verbindet.

„Man muss sich das wie einen Legobaukasten vorstellen", sagt Mark Rolston. „Wir liefern die Grundbausteine, die jeder nach Belieben zusammensetzen kann." Und weil künstliche Intelligenz in digitalen Wolken existiert, kann er seine Cortex 5 über eine Videoschaltung aus Texas nach München demonstrieren.

Es ist verblüffend simpel, wie man sich mithilfe des Programms eine künstliche Intelligenz bauen kann. Gemeinsam mit seinem Designer Matthew Santone führt er das vor. Zunächst ruft er die Benutzeroberfläche auf, eine elegante schwarze Fläche, an deren Rand die Steuerelemente sind. Über eine Liste, die ausklappt, sucht man sich die einzelnen Skills der KI aus, die Funktionsmodule. Die muss man in Zukunft nicht mehr eigens programmieren, sondern kann sie aus der Cloud abrufen. Santone nimmt ein Element, das der Nutzer über eine Kamera klassifizieren kann, ein Element, das Kleider erkennt und auswählt, sowie einen sogenannten *Sentiment Analyzer,* eine Art digitalen Stimmungsbarometer. Es dauert nur wenige Minuten, bis diese Einheiten auf der Oberfläche durch grüne Linien verbunden sind. Das sind die sogenannten Synapsen, Verbindungselemente, nicht unähnlich den Synapsen des Gehirns, die die Komponenten so miteinander verbinden, dass sie in jeder beliebigen Kombination miteinander arbeiten können. Was dabei herauskommt ist die simple Version einer KI, die beispielsweise eine Verkaufswebseite nutzen könnte, um Kleidung nach dem Geschmack ihrer Kunden herauszusuchen.

Wenn die Plattform ab Herbst 2018 erst einmal in Betrieb ist, können Nutzer nicht nur die *Skills* auswählen, die

Cortex 5 anbieten will, sondern auch eigene solche KI-Programmelemente hochladen, die dann wiederum andere Nutzer gratis oder gegen Gebühr anwenden können. So wird eine riesige Bibliothek solcher *Skills* entstehen. Wie ernst sie es meinen zeigt die Liste der Systeme, die über Cortex 5 laufen werden. Es sind die künstlichen Intelligenzen von IBM, Microsoft und der Stanford University. Große Firmen wie Versicherungen, medizinische Betriebe und Banken sollen die ersten Kunden sein. Das eigentliche Ziel klingt allerdings so simpel, wie mächtig. „Mit unserer Plattform wird irgendein Teenager im Keller seiner Eltern eine künstliche Intelligenz konstruieren können. Wir werden so etwas wie das Musikprogramm Garage Band für die Welt der künstlichen Intelligenz sein." Das aber ist die ultimative Demokratisierung einer Technologie, die im Sommer 2018 noch großen Digitalkonzernen und Forschungslaboren vorbehalten ist. Was das für die Zukunft der Digitalisierung und Technologie bedeutet, das kann man noch nicht abschätzen. Vor allem aber darf man es nicht unterschätzen. Auch wenn der Moment der *Singularity* Science Fiction bleiben wird. Denn die ersten Fehler im Umgang mit künstlicher Intelligenz hat die Menschheit ja schon gemacht.

Die ersten Fehler

Was für ein perfektes Bild für die digitale Gegenwart: Ein lauer Sommerabend in München, an dem das Abendlicht durchs Blattwerk flirrt. Auf dem Schulhof feiern die Viertklässler ihren anstehenden Übertritt in die Oberschulen mit einer Grillparty. Der Geruch von Speckfackeln und Maiskolben weht über das Gelände, man hört Gekicher und Getobe. Im Containerbau gleich daneben versammeln sich Eltern unterdessen in einem abgedunkelten Raum zur Vorbereitung auf das Seminar „Mediensucht", das der Sozialpsychologe Jürgen Eberle demnächst in diesen vierten Klassen halten wird.

Hier drinnen ist es ein deprimierender Abend. Die Parallelen zwischen Phänomenen der Stoffsucht bei Alkohol Zigaretten, Marihuana oder Kokain und denen der Verhaltenssucht wie bei Computerspielen, Websurfen, Chatten oder exzessivem Videoschauen sind einleuchtend. Die Gefahr, dass sich Jugendliche mit digitalen Fluchten vor Gefühlen wie Unsicherheit, Einsamkeit, Frustration und Antriebslosigkeit drücken, ist mindestens so groß, wie bei Drogen und Alkohol.

Eberle ist kein Propagandist des Techlash, der sich in den Industrienationen im Sommer 2018 schon seit über einem Jahr aufbaut. Er distanziert sich sogar deutlich vom hauptberuflichen Internetverteufler und Psychiater Manfred Spitzer, der vor der Schule auf einem Plakat Werbung für seinen Vortrag „Digitale Demenz“ macht. Und nein, Eberle ist kein Protagonist des Techlash, er ist eine erste Konsequenz – ein Sozialpsychologe mit eigener Praxis, der vom bayerischen Kultusministerium engagiert wurde, um die Folgen in den Griff zu bekommen, welche die erste Begegnung der Menschheit mit einer niedrigschwelligen, aber globalen künstlichen Intelligenz hatte. Es ist durchaus bezeichnend, dass das Kultusministerium Medienabhängigkeit offensichtlich als gefährlicher einschätzt, als Drogensucht. Auch wenn Eberle für die Eltern sie noch als Analogie heranzieht, wenn er auf die Frage, wie man Kinder dazu bringt, vernünftig mit dem Handy umzugehen, antwortet: „Würden Sie ihr Kind mit zwanzig Beutelchen Kokain auf dem Tisch alleine lassen?“

Was er nicht erwähnt – Erwachsene können genauso wenig damit umgehen. Zu stark ist der Sog, den das Internet, allen voran die sozialen Medien wie Facebook und Twitter, entwickelt haben. Da ist sie schon, die künstliche Intelligenz, die den Menschen kontrolliert, auch wenn es sich noch um so einfache Dinge handelt wie einen Nachrichtenfluss, den die Algorithmen der Facebook- und Twitter-KIs so ordnen, dass die Nutzer möglichst viel Zeit damit verbringen. Weil aber negative Emotionen wie Angst, Hass und Häme sehr viel schneller Reaktionen auslösen, als etwa Empathie, Freude oder Staunen, sind die Suchtmaschinen des Internets zu Katalysatoren sozialer Zersetzung geworden.

Techlash nennt man den gesellschaftlichen Widerstand gegen diese Mechanismen, ein Wortspiel aus den Begriffen

Technology und *Backlash* (Gegenreaktion oder auch Rückschlag). Ausgelöst wurde die Welle des Techlash von einer ganzen Reihe von Fehlern im System. Man kann sie nüchtern auflisten.

- Der Aufstieg des digitalen Monopolkapitalismus, den die großen Sechs dominieren, also Amazon, Apple, Facebook, Google, IBM und Microsoft.
- Die Erosion des öffentlichen Diskurses, der in Europa und den USA den Aufstieg des Populismus, den Wahlsieg Donald Trumps und den Brexit beförderte.
- Die Erosion der Privatsphäre und der Selbstbestimmung über die eigenen Daten, was zu einer Überwachungsökonomie und zu Auswüchsen des Überwachungsstaates führte.
- Der Missbrauch digitaler Technologien durch autoritäre Staaten wie Russland, China und Nordvietnam, sowie durch Kriminelle, Terroristen und destruktive Hacker.
- Die Verhaltensmanipulationen durch Hardware wie Smartphones, Software wie Apps und Internetapplikationen wie Facebook und Snapchat, die ganz bewusst konstruiert wurden, um Nutzer an Geräte und Anwendung zu fesseln und ihr Konsumverhalten in bestimmte Richtungen zu lenken.

Am direktesten spüren Nutzer diese Fehler natürlich auf ihren tragbaren Geräten, die sie ständig benutzen. Deswegen bekam die Welle 2017 durch prominente Aussteiger aus den Spitzen der Digitalkonzerne den entscheidenden Schub. Einer der ersten war der Computerwissenschaftler Tristan Harris, der unter anderem bei Google dafür zuständig war, die sogenannte Benutzerführung zu optimieren. 2016 kündigte er und gründete die Organisation *Time Well Spent,* die dafür sorgen will, dass soziale Medien ihren Erfolg nicht auf den psychischen und seelischen Schwächen ihrer Nutzer gründen. Das aber, sagt Harris, sei das Grunddesign dieser Medien. Die gesamte Nutzeroberfläche vor allem von Handys sei darauf angelegt, dass ihre Benutzer möglichst viel Zeit damit verbringen.

„Teilen Sie sich Ihre Zeit ein, sonst tut das Ihr Handy für Sie", warnte Harris schon im Frühjahr 2017. „Wenn Sie glauben, Sie hätten die sozialen Medien im Griff, vergessen Sie nicht, dass auf der anderen Seite Hunderte hervorragend ausgebildete Ingenieure sitzen, die sich mit nichts anderem beschäftigen, als Ihre Zeit im Sinne ihrer Auftraggeber zu gestalten." Man könne sich das auch alles schönreden mit dem Weltgeist im Internet, führte er weiter aus. Häme, Hass, Empörung und auch Angst seien nun mal die Gefühle, die in den Medien schon immer am besten funktionierten.

Erster Höhepunkt der Aussteigerwelle war ein Auftritt von Camath Palihapitiya in der *Stanford Graduate School of Business,* der bei Facebook einst für das Nutzerwachstum zuständig war. „Sie werden programmiert", warnte er die Anwesenden. Er fühle „ungeheure Schuld", dass er mitgeholfen habe, „das gesellschaftliche Gefüge auseinanderzureißen". Um dann zu erläutern, wie soziale Netzwerke wie Facebook und Instagram mithilfe plumper Anreize wie Daumen-hoch- und Herzchen-Symbolen dafür sorgen, dass seine Mitglieder möglichst viel Zeit in diesen Netzen verbringen, und wie dieser Mechanismus den öffentlichen Diskurs verzerrt.

Kurz zuvor hatte schon Facebook-Mitgründer Sean Parker eingestanden, dass sie von Anfang an ganz bewusst die Verletzlichkeit der menschlichen Psyche ausgenutzt hätten, um mithilfe kleiner Glückshormon-Ausschüttungen durch das Anklicken und Empfangen solcher digitaler Streicheleinheiten Suchtmechanismen zu entwickeln.

Prominentester Digitalaussteiger war allerdings Jaron Lanier. Wenn man mit ihm spricht, nachdem er gerade eine seiner Brandreden gegen Facebook, Google und all die anderen sozialen Netze gehalten hat, die die Utopie einer digitalen Welt zum Wohle aller in einen monopolkapitalistischen Wahnsinn für suchtkranke Konsumidioten verwandelt haben, kommt er schnell ins Schnaufen. Das liegt weniger daran, dass ihm sein schwerer Körper zu schaffen macht. Nein, man spürt, wie ihn die Wut und die Verzweiflung anstrengen, weil er zu den Pionieren dieser Techno-Utopie gehörte, und weil es so viel anstrengender ist, vor einer Katastrophe zu warnen, als eine glorreiche Zukunft zu prophezeien. Vor allem, wenn man aus einer Welt kommt, in der die glorreiche Zukunft schon immer das wichtigste Verkaufsargument war.

„Glauben Sie mir, Sie müssen Ihre Konten bei den sozialen Medien komplett löschen", sagt Lanier. Das sagt er oft. Er hat im Frühjahr 2018 auch ein Buch veröffentlicht, das den Titel „Zehn Gründe, warum du deine Social Media Accounts sofort löschen musst". Im Vergleich zu seinen 400-Seiten-Werken wie „Gadget" und „Wem gehört die Zukunft?", die ihn zu einem der führenden Intellektuellen der digitalen Kultur gemacht haben, ist „Zehn Gründe" mit rund 200 Seiten eher knapp. Im Ton ist es dafür sehr viel zorniger und verzweifelter, als all seine anderen Bücher und Brandreden.

Bei seinem Vortrag hält Lanier seine Verzweiflung und seine Wut mit Mühe im Zaum, weil er weiß, dass er sein Publikum mit seiner Bildung, seinen liberalen Ansichten und seinem überdurchschnittlichen Allgemeinwissen nur mit Vernunft überzeugen kann. Man spürt seine Anspannung, wenn er zum Beispiel sagt: „Ich kann diese Sachen nicht mehr soziale Netzwerke nennen. Ich nenne sie Imperien der Verhaltensmanipulation." Dann wirkt er, als würde er das gerne in den Saal schreien. Weil er ja auch weiß, dass die meisten Zuhörer gleich nach seinem Vortrag ihr Handy aus der Tasche ziehen werden, um auf Facebook, Twitter oder Instagram nachzusehen, ob schon jemand eine Meinung zu Laniers Rede hat, ohne vielleicht selbst eine Meinung zu haben. Und wenn sie dann schon am Netz hängen, werden sie schauen, was denn sonst so los ist. In der Welt. Im Bekanntenkreis. In der Filterblase.

In seinem Buch beschwört Jaron Lanier seine Leser dann auch mit Paniksätzen wie „Du, Ja DU hast die konstruktive Verantwortung, dir zu überlegen und zu zeigen, wie man ohne diesen Mist leben kann, der die Gesellschaft zerstört." In jeder Zeile soll deutlich werden, dass es sich hier um eine akute Bedrohung jedes einzelnen Lesers handelt. Es scheint, als sei ihm noch nie etwas so wichtig gewesen.

Jaron Laniers Wandlung zum digitalen Kritiker ist eigentlich noch erstaunlicher, als die der Konzernaussteiger. Wenn man ihn Ende der 1980er-Jahre traf, im Hörsaal einer kalifornischen Universität zum Beispiel, begegnete man einem ganz anderen, einem Euphoriker, der einem wundersame Dinge davon erzählte, zu was elektronische Rechenmaschinen alles gut sein würden. Er schwärmte vor allem von den psychedelischen Qualitäten der Virtual Reality, die den Geist und das Bewusstsein noch so viel weiter öffnen könnten als jede Droge und die man in der Psychotherapie einsetzen werde oder sogar in der Onkologie. Wobei einen die Virtual Reality damals noch nicht wie heute in die Zauberwelten der Rundumfilme führte, sondern in ein Geflecht aus lichtgrünen Linien, die im schwarzen Raum dreidimensionale Gebilde und Flächen andeuteten. Man brauchte für die virtuelle Wirklichkeit damals vor allem einen Sinn für Geometrie, viel Fantasie und eine Kombination aus Datenbrille, Elektrohandschuh sowie einen Hochleistungsrechner, die er bei seinen Vorträgen zum Ausprobieren für alle zur Verfügung stellte.

Die Metapher von der digitalen Psychedelik hatte sich Jaron Lanier nicht selbst ausgedacht. An den Universitäten und auf den Konferenzen trat er mit Timothy Leary auf. Der LSD-Guru war damals fast siebzig, aber immer noch ein ungebremster Prophet des Neuen und Aufregenden. Während der Hippie-Ära war er die Symbolfigur der Drogenkultur, was ihm nie ganz gerecht wurde, weil er wegweisende Experimente mit psychedelischen Substanzen als Psychologieprofessor im klinischen Rahmen in Harvard gemacht hatte. Aber weil er mit den Großen der Hippiekultur befreundet war, vor allem aber, weil er den Slogan „Turn on, tune in, drop out“ geprägt hatte (auf Deutsch etwa „Dröhn dich zu, mach's dir bewusst, steig aus“), wurde er zum Giganten der Popkultur.

Als Lanier mit ihm herumzog, hatte Leary gerade das Buch „Chaos and Cyberculture“ geschrieben und seinen Hippie-Schlachtruf für den Beginn des digitalen Zeitalters umformuliert: „Turn on, boot up, jack in" – „Schalt an, fahr hoch, steck dich ein." Lanier war knapp dreißig und wirkte mit seinen dunkelblonden Dreadlocks und seinen stechend blauen Augen wie der Beweis dafür, dass die Cyberkultur die logische Fortsetzung der Gegenkulturen war. In der Nähe von San Francisco betrieb er die Firma VPL Research, die Virtual-Reality-Technologie entwickelte. Er galt als einer der besten Programmierer im nördlichen Kalifornien. Sein Mathematikstudium an der New Mexico State University hatte er als Teenager begonnen. Und auch wenn das keine besondere Uni war, war sie mit mehr und besseren Computern ausgestattet als die meisten anderen, weil in der Wüste dort viele Rüstungsfirmen ihre Experimente machten.

Bei seinen Auftritten mit Timothy Leary wirkte Lanier wie ein Wesen von einem anderen Stern, eine Superintelligenz im Körper eines dicklichen Hippies, der seine Heilslehre von den Möglichkeiten der Virtual Reality mit dem Gestus eines Propheten predigte, der keine Widerrede duldete und die Fragen der intellektuell überforderten Zuhörer mit aggressiver Geduld beantwortete. Beide wussten, was sie aneinander hatten. Die Verbindung aus akademischen Meriten und Popkultur (Leary), beziehungsweise aus zukunftsweisender Technik und Avantgarde (Lanier) war unschlagbar, um Geräte zu Kulturträgern zu verklären, die damals vor allem als Büromaschinen im Einsatz waren.

Im Frühjahr 2018 ist bei dem inzwischen 58-Jährigen nicht mehr viel übrig von der einstigen Aufbruchsstimmung. Er ist jetzt zur Galionsfigur einer kulturpessimistischen Bewegung geworden, die ihm so gar nicht entspricht. Für Lanier hatte der Weg vom Zukunfts- zum Untergangspropheten schon viel früher begonnen, als für die Deserteure des Silicon Valley. Im November 2000 veröffentlichte er auf dem Onlineforum edge.org seinen Essay „One Half a Manifesto", in dem er den „kybernetischen Totalitarismus" angriff, die dogmatische Verklärung des Computers durch Kognitionsforscher wie Daniel Dennett und Steven Pinker.

Die lieferten damals das intellektuelle Rüstzeug für die Ideologisierung der digitalen Kultur, die mit Schlagworten wie *Disruption, Innovation und Design Thinking* viel Schaden anrichtete. Das alles müsse keineswegs zu einer besseren Welt und Gesellschaft führen, schrieb Lanier. Die Gefahren seien sogar unabsehbar. Im Silicon Valley war so ein Text damals Frevel. Heute hat sich längst erwiesen, dass der Erneuerungsfanatismus vor allem einer kleineren Zahl von Firmen zugutekam, die ganze Wirtschaftszweige verwüsteten und keineswegs etwas Neues oder Besseres schafften, sondern Monopole.

Im Mai 2006 legte Lanier ebenfalls auf edge.org mit dem Essay „Digital Maoism" nach. Darin verteufelte er erstmals das Internet, genauer gesagt den Schwarmgeist, den damals viele als eine Art ultrademokratischen Weltgeist glorifizierten. Dieser Schwarmgeist sei nichts anderes als die Pöbelherrschaft böswilliger Massen, schrieb er, die ähnlich wie im Maoismus und dem Faschismus dem freien Willen des Einzelnen den Garaus machen würden. Jaron Lanier wusste, was Pöbel- und Schreckensherrschaft bedeuten. Er hatte es nicht selbst erfahren, aber seine Familie. Seine Mutter entkam dem Holocaust, sein Vater russischen Pogromen. Jeder Anflug von Totalitarismus und Gesellschaftskontrolle löst bei ihm jene Reflexe aus, die Holocaust- und Pogromüberlebende ihren Kindern mitgegeben haben, weswegen die amerikanischen Juden immer wieder zu den klarsten Gesellschaftskritikern gehörten.

Laniers Beispiele für den aufziehenden Irrsinn der digitalen Kollektive waren die Online-Enzyklopädie Wikipedia und das soziale Netzwerk Myspace, die das Internet beherrschten. Facebook gab es damals erst seit zwei Jahren als Netzwerk für amerikanische Unistudenten. Twitter war wenige Wochen zuvor als obskurer Kurznachrichtendienst „twttr“ ans Netz gegangen. Das erste iPhone sollte erst ein Jahr später auf den Markt kommen.

Und wieder sollte er recht behalten. Jaron Laniers zehn Gründe, Social-Media-Accounts zu löschen, die er im Buchtitel ankündigt, sind auch die Kapitel-Überschriften, die sich wie die Vollzugsmeldungen seiner Befürchtungen von 2006 lesen: Du verlierst deinen freien Willen. – Social Media ist deprimierender Mist. – Social Media macht dich zum Arschloch. – Social Media untergräbt die Wahrheit. – Social Media macht das, was du sagst, bedeutungslos. – Social Media tötet dein Mitgefühl. – Social Media macht dich unglücklich. – Social Media fördert prekäre Arbeitsverhältnisse. – Social Media macht Politik unmöglich. – Social Media hasst deine Seele.

Alles klar. Alles nicht neu. Aber Lanier prangert diese Phänomene nicht nur an, sondern analysiert sie mit dem ganzen Arsenal der Argumente, das ihm als Mathematiker, Programmierer und und öffenlichkeitswirksamer Intellektueller zur Verfügung steht. Wenn er zum Beispiel sehr detailliert erklärt, wie Algorithmen den menschlichen Geist versklaven können. Oder wie die Ingenieure der Digitalkonzerne sinistre Methoden der Verhaltensforschung einsetzen, um zu erreichen, dass Handynutzer möglichst oft auf ihr Gerät schauen, damit die Apps und Webseiten ihnen – ohne dass sie es merken – den Terminplan und ihr Konsumverhalten diktieren können.

Endgültig verdammen will Lanier die sozialen Medien nicht. Er hat sogar eine Lösung. Man müsse gar nicht die Technologie, sondern nur das Geschäftsmodell verändern. Der Geburtsfehler der sozialen Netzwerke sei, dass sie für die Nutzer gratis seien und sich mit Anzeigen finanzieren. Das bedeute aber, dass die Netzwerke im Dienste der Anzeigenkunden und nicht der Nutzer funktionieren. So sei das Diktat der Verhaltensmanipulation unausweichlich. Solange die Anzeigenkunden Turnschuhe oder Duschgel verkaufen, ist der Schaden überschaubar. Wenn russische Regierungsstellen die Demokratie zersetzen wollen und im Wahlkampf die Wähler mit politischen Anzeigen hysterisieren, ist das eine Gefahr. Die einzige Lösung sei ein Bezahlmodell. Nur dann habe die Gesellschaft eine Chance, sich aus diesen Netzen zu befreien.

Im Juli 2018 folgte die erste Quittung des Techlash für die sozialen Medien. Kurz vor der Veröffentlichung des zweiten Quartalsberichtes des Jahres verliert die Aktie von Facebook 20 Prozent. In Europa hat die Plattform erstmals weniger Mitglieder, drei Millionen weniger als im ersten Quartal. Die Nutzer haben genug vom Missbrauch und der Arroganz, von mangelnder Transparenz und dem Verkauf ihrer Daten. Der Skandal um die Agentur für politische Manipulation Cambridge Analytica, die Facebook-Daten an zwielichtige Organisationen verkaufte, war der buchstäbliche Tropfen.

Die strenge europäische Datenschutz-Grundverordnung DSGVO hat die Aktionäre scheu gemacht. Die Geldstrafe von 2,42 Millionen Euro, die die EU-Kommission gegen Google verhängt hat, war ein weiteres Fanal. Was zunächst in den Wirtschaftsnachrichten landete, war ein Wendepunkt. Die Gesellschaft hat aus ihren Fehlern gelernt. Und sie wehrt sich. Doch wehrt sie sich genug, um den Wendepunkt vom digitalen Zeitalter in die Ära der künstlichen Intelligenz zu meistern?

Ein klarer Blick in die Zukunft

Es ist während überhitzter Debatten immer hilfreich, sich mit einem vorsichtigen Optimisten zu treffen. Mit John Cohn zum Beispiel. Der arbeitet bei IBM als *Chief Scientist* für das Watson IOT Center (Internet der Dinge) in München. John Cohn wirkt wie der Archetyp des verrückten Professors mit zauseligem weißen Bart, wirrem Haarkranz, euphorischem Augenleuchten und dem inoffiziellen Titel als *Chief Agitator*. Wenn man im Norden von München mit dem Glasfahrstuhl hoch über die Stadt geschossen ist, wenn man am Eingang dem niedlichen Roboter Pepper die Hand geschüttelt hat, an den Ingenieuren und Sachbearbeitern vorbeigegangen ist, die klischeegerecht fast alle Männer in sandfarbenen Hosen und hellblauen Hemden sind, trifft man dann doch auf einen sehr nachdenklichen Intellektuellen.

Cohn bremst auch gleich. Watson ist zwar jene künstliche Intelligenz, die im Februar 2011 erstmals Schlagzeilen machte, als sie bei der amerikanischen Fernseh-Quizshow „Jeopardy" zwei menschliche Gegner besiegt. Im Juni 2018 wies Watson dann den israelischen Debattiermeister Dan Zafrir in die Schranken. Wenige Tage vor dem Treffen mit Cohn wurde eine Watson-KI in einer medizinballgroßen, weißen Kugel namens Cimon ins All geschossen, um dem deutschen Astronauten Alexander Gerst bei seiner Arbeit auf der internationalen Raumstation ISS zu helfen. John Cohn arbeitet aber gerade gar nicht an einer Weltsensation, sondern an einer KI, die erkennen kann, wie viele Menschen sich gerade in einem Raum oder Gebäude befinden, ohne die Individuen zu identifizieren. Was wichtig ist, wenn man ein Gebäude digital managen und gleichzeitig die Privatsphäre seiner Bewohner oder Besucher wahren will.

Wollte man John Cohn auf einer Skala von Elon Musk (Apokalypse) bis Ray Kurzweil (Erweckungsmoment der *Singularity*) verorten, fände man ihn im oberen Drittel der Kurzweil-Achse. „Ich glaube durchaus, dass wir Intelligenzen schaffen werden, die in Kombination mit menschlicher Intelligenz größer sind, als die unsere“, sagt er. „Aber ich bin auch Optimist. Wenn wir frühzeitig über etwaige Probleme nachdenken, die entsprechenden Regularien finden und sie auch umsetzen, können wir auch verhindern, dass wir eine schädliche Superintelligenz schaffen.“

Die Debatte um KI verfolgt er schon lange. Es ist aber vor allem die Praxis der KI-Entwicklung, die ihn so optimistisch macht. „Alle, die sich mit KI beschäftigen, beginnen nun, dieselben Grundstrukturen zu verwenden. So kann man Sicherheitsmechanismen einbauen, auf die jede weitere KI aufbauen wird. Man wird nie verhindern können, dass destruktive Kräfte solche Sicherheitsmechanismen umgehen. Aber wenn man darüber nachdenkt, dass derzeit fast alle praktischen KI als eine Art kombiniertes Open-Source-Projekt entstehen, ist wirklich phänomenal. Ich habe so etwas noch nie erlebt. Weil alle das Allgemeinwohl in solchen

Sicherheitsmechanismen erkennen. Und weil es für den hypothetischen Fall, dass es zu so etwas wie einem wild gewordenen Büroklammer-Maximierer kommt in der Infrastruktur auch einen Wachhund gibt, der ihn wieder einfängt."

An Regularien, die für die gesamte KI-Welt gelten sollen, wird längst gearbeitet. Sie werden auch schon umgesetzt. Eine der profiliertesten Architekten solcher Richtlinien ist der schwedische Physiker Max Tegmark, den Jaan Tallinn als Mitbegründer des *Future of Life Institute* holte. Tegmark wirkt mit seinem kantigen Gesicht, seinem strahlenden Lächeln und der Lederjacke ein wenig wie ein Fernsehstar. Er gibt sich charmant, kommt dann aber auch gleich zur Sache.

Sein prägnantes Argument für die Dringlichkeit, dafür zu sorgen, dass die künstliche Intelligenz auch in Zukunft der Menschheit dient, ist ganz einfach. „Ist ihr Computer schon einmal abgestürzt?", fragt er. Die Frage wird so ziemlich jeder mit ja beantworten. „Sehen Sie. Es ist eigentlich lächerlich, dass wir uns auf eine Technologie wie unsere fehlerhaften, hackbaren Computer einlassen. Aber das war alles in Ordnung, solange die Ausfälle im Rahmen blieben. Wenn allerdings zum Beispiel das gesamte bayerische Stromnetz ausfällt, ist es nicht mehr lustig."

Noch sei Zeit, Fehler zu vermeiden. Eine Abgleichung der KI mit menschlichen Werten sei dringend nötig. Den Einwand, die Menschen hätten sich doch noch gar nicht auf gemeinsame Werte geeinigt, lässt er nicht gelten. „Nein, nein, nein, lassen Sie uns nicht die Perfektion zum Feind des Guten machen. Wir können mit dem Naheliegenden beginnen. Nehmen Sie den Unfall, bei dem ein Roboter im VW-Werk in Baunatal einen Arbeiter getötet hat. Das tat der Roboter nicht, weil er bösartig war, sondern weil er den Arbeiter nicht von einem Bauteil unterscheiden konnte. Wenn man so niedrig ansetzt, beim Thema KI-Sicherheit, kann man sehr wohl jetzt schon damit beginnen."

Am *Massachusetts Institute of Technology* forscht Max Tegmark an der Umsetzung solcher Mechanismen. Er gehört aber auch zu den Autoren der Asilomar-Prinzipien zu künstlicher Intelligenz, einem der ersten Grundsatzpapiere zum Thema. Die führenden KI-Wissenschaftler, -Unternehmer und -Experten trafen sich Anfang Januar 2017 im Konferenzzentrum von Asilomar am malerischen Pazifikstrand bei Monterey. Der Ort war sehr bewusst gewählt. 1975 hatten sich hier die Spitzen der Genforschung getroffen und Richtlinien festgelegt, die es ihnen erlaubten, ihre Arbeit weiter voranzutreiben, ohne die Weltgesundheit zu gefährden oder der Menschheit zu schaden.

Ergebnis der Konferenz für nützliche KI von 2017 waren 23 Leitlinien für Entwickler und Nutzer. Sicherheit, Transparenz, Datenschutz, rechtliche und politische Verantwortung sowie die Vermeidung eines KI-Wettrüstens sind allesamt Punkte der Prinzipien. Erster Punkt: Das Ziel der KI-Forschung muss nützliche künstliche Intelligenz sein.

Das Vorbild der Genforschungsleitlinien war gut gewählt. Die biologische Katastrophe, die viele in den 1970er-Jahren befürchtet hatten, blieb aus. Im Großen und Ganzen hat sich die Genforschung im Dienste der Gesundheit und der Ernährung nützlichen Anwendungen verschrieben, auch wenn die Vermarktung oft ethische Grundsätze hinter sich ließ. So ein ethisches Bezugssystem soll, nein muss es auch für KI geben. „Alles, was wir jetzt schaffen, sind Grundsteine für alles, was später passiert", sagt Max Tegmark. „Wenn wir also heute Maschinen bauen, sollten wir uns angewöhnen, sicher zu stellen, dass ihre Werte mit den unseren übereinstimmen. In den 1970er-Jahren führte Asilomar zu einem Moratorium für bestimmte Biologieprojekte. Deswegen haben wir die Konferenz ja auch aus symbolischen Gründen dort veranstaltet. Eine der Asilomar-Richtlinien für KI sagt, dass wir ein Wettrüsten autonomer Waffen vermeiden müssen. Die meisten KI-Entwickler stehen auch hinter einem Moratorium für Slaughterbots (autonome Killerroboter) und solchen Dingen."

Die Leitlinien kommen zur rechten Zeit. Denn wenn Wissenschaft und Technik jetzt schon erkennen, welche Verantwortung sie angesichts des Wendepunktes in der Entwicklung künstlicher Intelligenz haben, wird die Gesellschaft nachfolgen. Vielleicht haben die Apokalyptiker ja doch etwas erreicht. Nicht nur die Pioniere des Feldes arbeiten inzwischen an ethischen und moralischen Leitlinien. In Firmenzentralen werden Aufträge für Ethikanalysen und -strategien vergeben. Nicht aus reiner Menschenfreundlichkeit, sondern weil Konzerne wissen, dass sie Fehler teuer zu stehen kommen können. Ist die Marke erst einmal beschädigt, kostet es große Anstrengungen, die Aura wieder zu reparieren. Das haben die Fehler gezeigt, die Google, Facebook und Twitter gemacht haben. Eifrig rudern diese Konzerne nun zurück, erlassen ethische Richtlinien, löschen Konten und Hassposts, produzieren weinerliche Werbespots, in denen sie sich reumütig und menschenfreundlich geben, auch wenn das für Konzerne nichts anderes als Schadensmanagement ist.

Bei der Kritik, Silicon Valley erfinde nur noch Lösungen für die Probleme reicher, weißer Männer, setzt wiederum Tess Posner mit ihrer Personalvermittlungsagentur AI4ALL an. Sie verschafft Frauen und Angehörigen von Minderheiten nicht nur Arbeitsplätze in der KI-Branche, sondern sorgt mit Förderprogrammen auch dafür, dass es Ausbildungsplätze für sie gibt. Auch das funktioniert nicht aus reinem Altruismus heraus. Argumente, die selbst Investoren einleuchten müssten, hat sie jederzeit parat.

Kulturell vielfältige Belegschaften sind profitabel. Sie zitiert eine Studie, nach der eine landesweit integrierte Arbeiterschaft in den USA rund 500 Milliarden Dollar mehr Bruttosozialprodukt erwirtschaften würde. Solche Belegschaften sind auch innovativer. Studien haben gezeigt, dass sich die Innovationen in Firmen mit hoher Diversität vervierfachen, was wiederum einem landesweiten Anstieg von zwei Millionen Patenten pro Jahr entspräche. Dazu kommt ein höheres Maß an Kreativität, was die Kritik an Silicon Valley entkräften würde. Menschen anderer Herkunft, anderen Geschlechts, anderer Orientierung leiten aus ihrer Lebenserfahrung andere Probleme und auch andere Lösungen ab.

Kann eine mächtige und überbeschleunigte Industrie wie die Digitalbranche überhaupt umdenken? Wird die Gesellschaft, zu der diese Konzerne ja auch gehören, aus den Fehlern der jüngsten Vergangenheit lernen? Lassen sich die Gefahren bannen? Kann KI zur Erweiterung geistiger Fähigkeiten dienen? Zum Wohle aller?

Auf eine eherne Regel müssen sich Wissenschaft, Technologie und Gesellschaft einigen: Macht euch die Maschinen untertan. So selbstverständlich das klingt, so umstritten ist dieser Ansatz, und zwar schon seit den Frühzeiten der KI-Entwicklung. Will man den Urknall dieser Debatte definieren, findet man ihn in den frühen 1960er-Jahren an der Stanford University. Dort gab es zum einen John McCarthys Labor für künstliche Intelligenz. McCarthy kam vom *Massachusetts Institute of Technology,* wo er mit Marvin Minsky die Grundzüge der KI entwickelt hatte. Und es gab Douglas Engelbarts Augmentation Research Center am *Stanford Research Institute.* Die waren am jeweils entgegengesetzten Ende des Stanford Campus vielleicht eineinhalb Meilen voneinander entfernt.

Dort entstanden damals zwei fast gegensätzliche Ansätze. Auf der einen Seite gab es John McCarthy, der ein System konstruieren wollte, das den Menschen irgendwann einmal ersetzen würde. Auf der anderen Seite stand Douglas Engelbart, der KI als Erweiterung des Menschen verstand. In einem seiner ersten Papiere von 1962 nannte er das sogar so – Intelligence Augmentation, IA. Daraus wurde dann das Feld, das man in den Computerwissenschaften HCI nennt – *Human Computer Interaction,* also die Interaktion zwischen Mensch und Computer. Da ist nicht die Maschine, sondern der Mensch der Ausgangspunkt für die Entwicklung von Technologie.

In den USA hat sich der *Council on Extended Intelligence* CXI unter anderem genau dieses Problem zur Aufgabe gemacht. Zu dem gehören neben dem Direktor des *MIT Media Lab* Jōichi Itō und dem sozialkritischen Ökonomen Jeffrey

Sachs einige sehr einflussreiche Frauen und Männer aus Wissenschaft, Technologie und Politik. Spricht man mit dem CXI-Direktor John Havens über das Problem, dann bekommt man philosophisch sehr komplex erklärt, warum schon der Begriff künstliche Intelligenz in die falsche Richtung führt und man eben über erweiterte Intelligenz (extended intelligence) sprechen sollte. Denn nur so kann man den Impuls thematisieren, dass Maschinen gebaut werden, die den Menschen ersetzen und nicht ergänzen. Jede Vermenschlichung der Maschinen, wie es sie die Roboterindustrie, aber auch Science-Fiction-Filme so effektvoll tun, ist zwar ein grandioser Showeffekt, er gewöhnt die Menschen allerdings auch an den Gedanken, dass diese Maschinen ihnen irgendwann ebenbürtig oder gar überlegen sein könnten.

Genau das gilt es zu verhindern. Es wird nicht leicht sein, diesen Ansatz zu eliminieren. Da muss es gar nicht erst zu Science-Fiction-Szenarien übermenschlich intelligenter KI kommen. Es reicht schon, dass KI eng gefasste Aufgaben übernimmt. Die Automatisierung ist eine der essenziellen Triebkräfte des freien Marktes. Die Verhaltensmanipulation ebenso. Die Chance aber, die sich an diesem Wendepunkt eröffnet, aus den Fehlern der letzten zwei Jahrzehnte zu lernen, der Entwicklung eine positive Richtung zu geben, war noch nie so groß, wie jetzt.

Die Aufgaben sind klar. Die Welt braucht soliden Datenschutz, künstliche Intelligenz, der ethische Werte in den Quellcode eingepflanzt werden, einen fairen Wettbewerb im Internet, sowie eine digital aufgeklärte Gesellschaft, in der Bürger nicht zu Nutzern degradiert werden. Selten genug ist sich die Menschheit so früh in der Entwicklung bewusst, was sie da erschafft. Jetzt wird die DNA der künstlichen Intelligenz geschrieben. Jetzt kann man die Zukunft noch entscheidend prägen. Wenn sich die globale Gesellschaft darauf einigt, sich diesen Aufgaben zu stellen, wird sie einen großen Schritt nach vorne tun. Nicht nur im digitalen Raum, sondern auch politisch, wirtschaftlich und gesellschaftlich. Dann aber kann die künstliche Intelligenz der Katalysator für etwas sein, das ganz buchstäblich Fortschritt bedeutet.

Für Europa und Deutschland ist die KI-Debatte eine große Chance. Noch wird die Debatte von angelsächsischen Stimmen geprägt. Es mag auch sein, dass die USA und China erst einmal großen Vorsprung haben. Amerikanische Investoren gehen größere Risiken ein. Eine Firmen- und Wissenschaftskultur, die im Gegensatz zu Europa und Deutschland Fehler nicht als Rückschläge, sondern als lehrreiche Erfahrungen wertet, führt zu einer aggressiveren Innovationskultur. China hat auf der anderen Seite weniger ethische und rechtliche Grenzen für die Entwicklung. Doch das sind höchstens Garantien für kurzfristige Erfolge. Was der momentane Techlash zeigt ist, dass der Schneeballeffekt Digitalisierung den Fortschritt bremsen, wenn nicht sogar gefährden kann. Vor allem aber wird deutlich, dass es gesellschaftliche, nicht technische Fehler sind, die dazu geführt haben. Es gibt keine ethischen Algorithmen, nur ethische Anwendungen.

Europas und Deutschlands Wille, Technologien auf der Grundlage humanistischer Werte zu entwickeln, wird langfristig ein Vorteil sein und die Debatten prägen. Techno logien und damit auch die Industrien, die sie erschaffen, werden robuster. Und Europa und Deutschland haben sich weltweit schon einen Ruf erarbeitet, diese Werte auch in Gesetzen festzuschreiben. Die Datenschutz-Grundverordnung der EU und das deutsche Netzwerkdurchsetzungsgesetz waren nur ein Anfang. Im Juli 2018 veröffentlichte die Bundesregierung Eckpunkte für eine Strategie zur künstlichen Intelligenz, die sich zum einen wirtschaftliche Ziele setzte, zum anderen steht da aber auch sehr deutlich: „Die Bundesregierung sieht sich in der Pflicht, eine verantwortungsvolle und gemeinwohlorientierte Nutzung von KI in Zusammenarbeit mit Wissenschaft, Wirtschaft, Staat und der Zivilgesellschaft voranzubringen. Auf der Grundlage europäischer Werte wie der Unantastbarkeit der Menschenwürde, der Achtung der Privatsphäre und des Gleichheitsgrundsatzes wollen wir die Potenziale der neuen Technologie heben." Strategiepapiere mögen nur Lippenbekenntnisse sein. Doch sie können Vorbildcharakter entwickeln.

Die Debatten um künstliche Intelligenz werden auf absehbare Zeit weiter mit enormer Leidenschaft und Dringlichkeit geführt werden. Je informierter die Zivilgesellschaft dabei wird, je stärker sie mit einbezogen wird, desto sinnvoller werden diese Debatten sein. Geistes- und Rechtswissenschaften werden eine stärkere Rolle spielen müssen, um gerade die Fragen nach den Folgen der KI für Menschen und Gesellschaft zu klären.

Es gibt im Jahr 2018 genügend Gründe für Optimismus. Die meisten Debatten und Entwicklungen haben inzwischen eine langfristige Zukunftsplanung im Blick, auch wenn die Ergebnisse und Fortschritte noch im Dunkeln bleiben. Werte werden auf der Grundlage von Ethik, nicht von Moral geschaffen, was sie gegen den Einfluss von Politik und Ideologien stärkt. Weltweit kristallisieren sich selbst an der fast ausschließlich wettbewerbsorientierten, amerikanischen Westküste ein Sinn für gemeinsame Ziele und ein Kooperationswille heraus, der über geschäftlichen Interessen steht. Vor allem aber setzt sich ein vernünftiges Denken gegen die Apokalyptiker und Propheten durch, das in den Werten und Errungenschaften der Aufklärung wurzelt. In einer Zeit, die von überhitzten Debatten geprägt wird, ist das nicht nur für die Technologien ein epochaler Neuanfang.

© Jakob Berr

Andrian Kreye

ist einer der beiden Ressortleiter des Feuilletons der Süddeutschen Zeitung. Er lebte viele Jahre in den USA und hat dort schon früh die Entwicklung der digitalen Welt von einer Subkultur zur Alltagstechnologie begleitet.

Die letzte Chance für unsere Erde
ISBN: 978-3-86497-500-4
72 Seiten | 9,90 €